Muito abençoada para ser estressada

DEVOCIONAIS DE TRÊS MINUTOS PARA MULHERES

DEBORA M. COTY

tradução de Tássia Carvalho

Muito abençoada para ser estressada
To blessed to be stressed: 3-minute devotions for woman
This book was first published in the United States by Moody Publishers with the title How to Be Filled With the Holy Spirit, copyright © 1952, 1992, 2001, 2016 by The Moody Bible Institute of Chicago. Translated by permission.

COORDENAÇÃO EDITORIAL E PREPARAÇÃO DE TEXTO: Rebeca Lacerda
TRADUÇÃO: Tássia Carvalho
REVISÃO: Patrícia Murari
CAPA: Marina Avila
PROJETO GRÁFICO: Rebeca Lacerda

EDITORIAL
Bruna Casaroti • Jacob Paes • João Paulo Putini
Nair Ferraz • Vitor Donofrio

Texto de acordo com as normas do Novo Acordo Ortográfico da Língua Portuguesa (1990), em vigor desde 1º de janeiro de 2009.

Dados Internacionais de Catalogação na Publicação (CIP)
Angélica Ilacqua CRB-8/7057

Coty, Debora M.
Muito abençoada para ser estressada : devocionais de três minutos para mulheres / Debora M. Coty ; tradução de Tássia Carvalho. -- Barueri, SP : Ágape, 2019.

Título original: *To blessed to be stressed: 3-minute devotions for woman*

1. Vida cristã 2. Mulheres - Vida cristã 3. Literatura devocional I. Título II. Carvalho, Tássia

18-1287 CDD 242.643

Índice para catálogo sistemático:
1. Literatura devocional para mulheres 242.643

EDITORA ÁGAPE LTDA.
Alameda Araguaia, 2190 – Bloco A – 11º andar
Conjunto 1112 – CEP 06455-000
Alphaville Industrial, Barueri – SP – Brasil
Tel.: (11) 3699-7107 | Fax: (11) 3699-7323
www.editoraagape.com.br | atendimento@agape.com.br

Papai Deus

Aos que o receberam, aos que creram em seu nome, deu-lhes o direito de se tornarem filhos de Deus.
(Jo 1:12,13 – NVI)

Com frequência, perguntam-me por que me refiro a Deus como "Papai Deus". A razão é simples: porque Ele é meu Pai. Seu Pai. Quando decidimos acreditar em Jesus, Seu único Filho, para desse modo receber o amor incondicional demonstrado pelo Seu sacrifício, em nosso lugar, somos adotadas pela família do Pai. Tornamo-nos filhas amadas e queridas Dele. Podemos não pensar que somos tanto assim, mas Ele pensa isso de nós!

O termo íntimo da Bíblia para Deus, o Pai, é a palavra aramaica "Aba" (*ábba)*, o nome pelo qual Jesus se referia a Ele e o qual ofereceu para compartilhar conosco, filhos adotivos do Pai (Rm 8:15). Crianças especificamente escolhidas. Escolhidas a dedo. Procuradas. A Bíblia *A Mensagem* traduz o "Aba" como "Papai" e "Paizinho". Amo completamente essa tradução. É acolhedora, protetora e deliciosamente fofinha. Que nome poderia expressar com mais riqueza nossa estreita relação com nosso Papai celestial?

Querido Papai Deus, o Senhor é meu Pai celestial, um bom e amável Pai. Obrigada por me querer e me amar o bastante para se sacrificar por mim. Amém.

Luz e beleza

Vinde a mim, todos os que estais cansados e oprimidos, e eu vos aliviarei.
(Mt 11:28 – AM)

Deus deseja apenas colorir nosso mundo preto e branco e enchê-lo de luz e beleza. "Porque o meu jugo é suave, e o meu fardo é leve" (Mt 11:30). Antes de nos convencer disso por meio da razão e da sensibilidade, dos cronogramas e das agendas, temos de estar dispostas a nos esvaziar de nós mesmas e repousar em um imprevisto e belo momento.

Afinal de contas, viver a vida envolve uma série de decisões conscientes, um ato de vontade. Portanto, cabe a nós a escolha de ir mais devagar a ponto de desfrutar os instantes de beleza – como imprevistos concertos de violino, teias de aranha, raios de sol e filhotinhos de cachorro – que trazem descanso e paz a nossas almas exaustas.

Paizinho amado, por favor, permita que eu seja embalada, descanse e reviva em Seu amoroso abraço hoje. Obrigada, Pai, por me conceder paz em todas as fronteiras, e eu não ter de enfrentar inimigos nem calamidades (1Rs 5:4). Amém.

O medo pode ser uma coisa boa

Não temas, porque eu sou contigo; não te assombres, porque eu sou o teu Deus; eu te esforço, e te ajudo, e te sustento com a destra da minha justiça.
(Is 41:10 – AM)

Nosso Deus e Pai nos permite a emoção do medo por uma boa razão, um propósito útil: motivar-nos, fazer-nos seguir em frente e impedir-nos de cometer erros. Às vezes, o sentimento de alerta nos salva de nós mesmas. Por qual outro motivo esmagaríamos fielmente nossas amigas queridas com mamografias se não fosse a possibilidade de a assustadora letra "C" invadir nosso corpo? Poderíamos estar andando pelas ruas à procura de emprego se o medo de perder nosso trabalho não nos motivasse a elaborar nossos relatórios a tempo.

O medo, porém, nos debilita quando se torna controlador e nos faz acomodar como fracotes, choronas, ou quando começa a ditar nossos pensamentos e comportamentos. E isso altera nosso percurso das esplêndidas mulheres que o Pai celestial nos destinou a ser.

Senhor Deus e Pai, por favor, ajude-me a ter uma atitude saudável diante do medo. Permita-me encorajar a ação quando necessário, e também sempre me inspirar para orar e me aproximar de Ti. Amém.

Uma força de vida vibrante

E, se o Espírito daquele que ressuscitou Jesus dentre os mortos habita em vocês, aquele que ressuscitou a Cristo dentre os mortos também dará vida a seus corpos mortais, por meio do Seu Espírito, que habita em vocês.

(Rm 8:11 – NVI)

Os abutres não são intimidados por carniça, mas se colocados contra uma força vital vibrante, eles ficam sobrecarregados. E é deste modo que nos livramos dos nossos abutres espirituais: buscando ajuda da maior e mais poderosa força vital existente. Aqueles carnívoros invisíveis que nos abatem não podem subsistir em Sua presença.

"Filhinhos, vocês são de Deus e os venceram, porque aquele que está em vocês é maior do que aquele que está no mundo" (1Jo 4:4). Esta, querida irmã, é a diferença entre um espírito profano e o Espírito Santo: um tem uma arma de chumbinho; o outro, um AK-47. E o Executor está ao nosso lado. Em poucas palavras: guerra espiritual.

Paizinho amado, por favor, ajude-me a confiar e a buscar auxílio constante do Seu Espírito Todo-Poderoso, o qual o Senhor tem me dado. Amém.

Lide com ela

Irai-vos e não pequeis; não se ponha o sol sobre a vossa ira. Não deis lugar ao diabo.
(Ef 4:26,27 – AM)

Por mais difícil que seja, você precisa lidar com a sua raiva. Reconheça que ela está aí, ainda que enterrada sob camadas de negação. Talvez pense que indignar-se não seja "cristão" e que você deve se tornar proficiente em abarrotar sua animosidade.

Ouça, amiga, se você foi rejeitada e parece não conseguir superar o fato, a raiva muito provavelmente está na origem de sua chaga purulenta. É hora de curar essa coisa horrível para que não mais receie se sentir vulnerável e exposta. Lembre-se: não é pecado se sentir insana. Supõe-se que a injustiça deva fazer seguidores de Cristo reagirem em ação. No entanto, se você não neutralizar a raiva, ela poderá evoluir para ressentimento, amargura ou, ainda, tornar-se destrutiva. E isso, definitivamente, é pecado.

Pai amado, preciso lidar com esta raiva e necessito de Sua ajuda. Por favor, permita-me entregá-la ao Senhor – se necessário, repetidas vezes – e obrigada por recebê-la. Amém.

Assustadora e extraordinariamente criada

Graças te dou pela maneira extraordinária como fui criado! Pois tu és tremendo e maravilhoso! Sim, minha alma o sabe muito bem.

(Sl 139:14 – KJA)

Você aceita a si mesma como é? Reconheça que não está definida pelo que faz, mas para ser o que o Pai celestial, em última análise, projetou que fosse. E lembre-se de que é uma obra ainda em evolução. Suas ações não ditam quem você é nem se é ou não aceitável para Ele. Você simplesmente é!

Meu amigo Philip disse isso muito bem: "Sua autoestima não advém de seu desempenho ou de quão bom é seu carro, sua casa ou até mesmo a aparência de seu corpo. Sua autoestima vem Daquele que o criou e já lhe mostrou o que pensa sobre você, enviando Seu único Filho para morrer em seu lugar". Isso revela como você é importante, querida irmã.

Paizinho amado, é tão fácil sentir-me infeliz comigo mesma. Ajude-me a compreender que o Senhor me fez assustadora e extraordinariamente única, e que me ama mais do que consigo entender. Amém.

Preocupação não vai ajudar

Quem de vocês, por mais que se preocupe, pode acrescentar uma hora que seja à sua vida? Visto que vocês não podem sequer fazer uma coisa tão pequena, por que se preocupar com o restante?
(Lc 12:25,26 – NVI)

Você costuma fazer alguma coisa parecer mais importante do que de fato é? Pessoas com uma história de rejeição tendem a ler mais rejeição nas entrelinhas de transações cotidianas simples e inocentes. Sua amiga não a abandonou só porque ela está muito ocupada para acompanhá-la a um concerto. Seu chefe provavelmente não vai demiti-la apenas porque lhe pediu que revisasse o relatório. Ok, respire fundo. Agora expire. Reconheça que Deus Pai está no controle e que preocupar-se com insignificâncias nada mudará. Inflar exageradamente cada balão a ponto de transformá-lo em um dirigível espião só a fará explodir.

Pai amado, costumo analisar demais e ficar ansiosa por nada. Por favor, ajude-me a direcionar meus pensamentos inquietantes ao Senhor e substitua-os por Sua paz. Amém.

Amada e valiosa

Os meus ossos não estavam escondidos de ti quando em secreto fui formado, e entretecido como nas profundezas da terra. [...] Como são preciosos para mim os teus pensamentos, ó Deus! Como é grande a soma deles! Se eu os contasse seriam mais do que os grãos de areia. Se terminasse de contá-los, eu ainda estaria contigo.

(Sl 139:15;17,18 – NVI)

Você entende como é valiosa? Querida. Amada sem limites. Desejada. Neste momento, talvez se sinta abandonada, desamparada ou traída, mas sentimentos não são confiáveis e podem mudar no declínio de um hormônio charlatão. Agora chegou o momento de anular seu coração, recorrendo à razão. Releia o versículo transcrito acima. Percebe como o Pai celestial a conhece e a ama profundamente? Você precisa amar essa última linha! Ele ainda está com você, apesar de conhecê-la melhor do que qualquer pessoa em todo o mundo: de dentro para fora, fracassos e sucessos, hábitos detestáveis e peculiaridades bizarras. Ele nunca a abandonará. É absolutamente dedicado a você!

Paizinho querido, obrigada por me amar tanto, e tão incondicionalmente. Perdoe-me quando eu esquecer o Seu amor, e me ajude a amar e a acalentá-Lo. Amém.

Obra Dele

[...] Somos criação de Deus realizada em Cristo Jesus para fazermos boas obras, as quais Deus preparou de antemão para que nós as praticássemos.

(Ef 2:10 – NVI)

Sua autoestima precisa de um empurrão? Claro, todo mundo tem pontos fracos, mas todo mundo também tem pontos fortes. Descubra seus pontos fortes e seus talentos; avalie seus dons espirituais e os traços de personalidade dominante (Google – "testes de personalidade"; há toneladas de opções). Peça a seu pastor, cônjuge ou amigo de confiança que reveja os resultados com você e identifique seus pontos fortes. Agora foque suas energias no trabalho dessas áreas; prepare-se para o sucesso. Quando encontrar seu nicho, você não só se sentirá bem consigo mesma, mas também sentirá o sorriso caloroso e encorajador do nosso Pai.

Senhor Deus e Pai, quero fazer Sua vontade com as forças e os dons únicos que o Senhor me deu. Por favor, ajude-me a trazer-Lhe glória. Amém.

Descarte os fracassos e vá em frente

Esquecendo-me das coisas que ficaram para trás e avançando para as que estão adiante, prossigo para o alvo, a fim de ganhar o prêmio do chamado celestial de Deus em Cristo Jesus.

(Fp 3:13,14 – NVI)

Fracassos passados não implicam fracassos futuros. Já ouviu a frase: "Você não pode fazer isso; é impossível"? Este mundo está cheio daqueles que desencorajam em vez de encorajar. Se os ouvirmos, nunca faremos algo. Se acreditamos, de fato, que Deus nos chamou para um propósito específico, seguiremos em frente, apesar de nossa trajetória. O escritor Frank Peretti* foi rejeitado por dezenas de editores antes de seus livros de cosmovisão cristã, *Este mundo tenebroso I* e *II*, obterem sucesso e enorme popularidade, atraindo milhares de leitores. E se ele tivesse parado de tentar depois da décima nona rejeição? E se você desistir depois de um fracasso?

Pai amado, por favor, dê-me sabedoria para conhecer e trabalhar em direção aos objetivos que o Senhor tem para mim, e para nunca desistir deles. Amém.

---

* Frank Edward Peretti (Lethbridge, Alberta, 1951), escritor contemporâneo de ficção cristã e outros gêneros, com mais de 12 milhões de livros vendidos é best-seller do *New York Times*. Peretti, em suas obras, contextualiza, sob a ótica da cosmovisão cristã, outros temas da sociedade atual tão diversos quanto neopaganismo, aborto, influência da mídia ou manipulação genética. (N.T.)

Ouça a Voz certa

E, se algum de vocês tem falta de sabedoria, peça-a a Deus, que a todos dá livremente, de boa vontade; e lhe será concedida. Peça-a, porém, com fé, sem duvidar.
(Tg 1:5,6 – NVI)

Todos nós temos aquelas vozes falando sobre nossos ombros: a sábia e a estúpida. A voz sábia diz: "Tudo bem você gostar de si mesma. Afinal de contas, Deus está orgulhoso de você, que é preciosa". A voz estúpida reage com: "Você é uma perdedora inútil; quem poderia estimá-la?". A voz sábia sugere: "Conheça melhor o Pai por meio da oração e da Palavra Dele". A voz estúpida diz: "Continue fazendo o que tem feito; de qualquer modo, nada vai mudar". A voz sábia murmura: "Invista em relacionamentos, não em coisas que apenas enferrujam e deterioram; construa preciosas e duradouras recordações com aqueles a quem você ama". A voz estúpida grita: "Investir em pessoas é muito arriscado. Elas vão largá-la quando a conhecerem realmente. Compre outro carro ostentoso".

Então, a qual voz você escolhe ouvir?

Senhor Deus e Pai, preciso ouvir a Sua voz, alta e claramente, neste mundo caído. Por favor, ajude-me a ouvir e aprender com Seu Espírito e Sua Palavra. Amém.

Bola de demolição da misericórdia

Agora que não há condenação para os que estão em Cristo Jesus, porque por meio Cristo Jesus a lei do Espírito de vida me libertou da lei do pecado e da morte.

(Rm 8:1,2 – NVI)

O que fazemos quando, depois de nos arrependermos e pedirmos a Jesus uma marreta para dar algumas pancadas naquele muro divisório, a culpa continua nos atormentando? Podemos reagir com vergonha, raiva ou depressão, sentimentos que servem apenas como argamassa para fortalecer o muro.

Por que a culpa não cessa? Porque Satanás, o arqui-inimigo de nossas almas, está usando nossa culpa para fortalecer esse muro desprezível e nos afastar de nosso Senhor. Ele nos acusa sem misericórdia e nos atormenta com a culpa que desperta em nós a sensação de que somos inúteis e indignas do amor do Pai.

Escute-me agora: é mentira.

O Acusador subestima a misericórdia de nosso Salvador. Sim, misericórdia: aquela bola de demolição incrivelmente poderosa e destruidora de muros que é a especialidade do nosso Deus e Pai.

Pai amado, por favor, destrua o muro que está entre nós. Anseio por Sua misericórdia para estilhaçar minha culpa e me levar de volta para perto do Senhor depois que fracassei e me arrependi. Amém.

Não importa o que fazemos

Se confessarmos os nossos pecados,
Ele é fiel e justo para nos perdoar todos
os pecados e nos purificar de qualquer injustiça.
(1Jo 1:9 – KJA)

Não importa o que tenhamos feito, o Pai celestial pode reparar, restaurar e revitalizar os retalhos de nossa vida para a Sua glória superior.

É verdade. Acredite. Portanto, aja como se acreditasse nisso.

Veja nossos exemplos bíblicos: Raabe, a prostituta, Davi, o assassino, Jacó, o farsante, e Paulo, o perseguidor. Todos fizeram escolhas terríveis que resultaram em pecados abomináveis. Sim, eram culpados. No entanto, recusaram-se a chafurdar em culpa por seus erros. Em vez disso, ergueram-se acima do pântano da culpa e seguiram em frente rumo ao perdão para, assim, realizar coisas poderosas para Deus.

E também podemos fazer o mesmo, se nos lembrarmos apenas de que agir libera a culpa, mas permanecer obcecada com o passado não.

Senhor Deus e Pai, obrigada, pois, quando confesso, o Senhor me perdoa e me purifica de toda a injustiça, não importa qual o pecado. Por favor, ajude-me a ter confiança e paz e seguir em frente nessa verdade. Amém.

Redimidas e renovadas

Bendito seja o Deus e Pai de nosso Senhor Jesus Cristo [...] Nele temos a redenção por meio de seu sangue, o perdão dos pecados, de acordo com as riquezas da graça de Deus, a qual ele derramou sobre nós com toda a sabedoria e entendimento.

(Ef 1:3a;7,8 – NVI)

É importante reconhecer a culpa quando ela de fato ocorreu. Mas não precisamos nos afastar desalentadas do Acusador com a culpa nos sobrecarregando para sempre. Podemos ser perdoadas, redimidas e renovadas. Mesmo culpadas, não estamos encarceradas em uma gaiola de "culpa". A misericórdia do Senhor tem aberto a porta a cada manhã.

"Não sabem que, quando vocês se oferecem a alguém para lhe obedecer como escravos, tornam-se escravos daquele a quem obedecem: escravos do pecado que leva à morte, ou da obediência que leva à justiça?" (Rm 6:16)

Escolho obedecer a Deus. E você? A culpa não é minha mestra. Jeová é meu Senhor.

Senhor Deus e Pai, sou redimida pelo sangue de Jesus. Obrigada! Por favor, ajude-me a me livrar do peso da culpa e a viver no poder de Sua graça. Amém.

Preocupação inútil

Quem de vocês, por mais que se preocupe, pode acrescentar uma hora que seja à sua vida? Visto que vocês não podem sequer fazer uma coisa tão pequena, por que se preocupar com o restante?
(Lc 12:25,26 – NVI)

Preocupação não tem qualidades redentoras. Nunca cumpre o que promete. Em vez disso, drena nossas reservas de energia, acrescenta rugas em nossa testa e nos deixa terrivelmente exauridas.

Preocupação é um tipo de medo que não parece medo, pois se mascara de responsabilidade. Podemos nos enganar ao pensar que estamos agindo com responsabilidade, torturando-nos com dilemas.

Quando focamos em nossos problemas, pensamos que, de alguma forma, seremos iluminadas por respostas mágicas que mudarão as consequências inevitáveis. Inquietação, ansiedade e agitação parecem perfeitamente normais porque estamos acostumadas a elas.

Entretanto, com o tempo, a preocupação inflaciona nossos problemas de modo que parecem imensos. Enormes. Intransponíveis. Ainda maiores que nosso Deus.

Pai celestial, quando eu enfrentar dificuldades e ficar muito preocupada, por favor, lembre-me de como o Senhor é grande e de como Sua vontade prevalece em todas as situações. Amém.

Minando nossa alegria

Lancem sobre ele toda a sua ansiedade,
porque ele tem cuidado de vocês.
(1Pe 5:7 – NVI)

Preocupar-se implica a falta de confiança em que Deus pode – e vai – cuidar de nós. Acreditamos que estamos nos protegendo, obcecadas com o que o futuro nos reserva para que não nos surpreendamos. Como boas Girl Scouts,* queremos estar preparadas.

Muitas vezes, a preocupação nos leva a viver no futuro em vez de no presente, olhando para frente, querendo antecipar possíveis problemas antes que apareçam. Mas viver no presente – o aqui e agora – é onde está a vida real. O escritor Leo Buscaglia** afirmou: "a preocupação nunca livra o amanhã de seus pesares, apenas impede as alegrias de hoje".

Pai amado, não quero me preocupar em furtar minha alegria e gratidão pelo que o Senhor me deu neste momento. Obrigada por receber minhas preocupações. Eu as entrego em Suas mãos agora. Amém.

---

* Programa de desenvolvimento de liderança para meninas. (N.T.)

** Felice Leonardo Buscaglia (1924-1998) foi um professor italiano que ministrou aulas na Universidade do Sul da Califórnia, autor de artigos para o *New York Times* sobre assuntos relacionados ao amor e ao humano e escreveu vários livros, sempre exaltando a ideia de se viver o amor no presente. (N.T.)

Reeduque sua mente

Tu guardarás em perfeita paz aquele
cujo propósito está firme, porque em ti confia.
(Is 26:3 – NVI)

Nosso corpo e nossa mente não foram projetados para resistir à preocupação crônica. Por essa razão, nosso estômago é atacado por úlceras, as enfermarias de distúrbios mentais florescem e o Alprazolam* existe. Uma hora de preocupação cansa dez vezes mais que uma hora de trabalho. Prova de que preocupação não é o estilo de vida que nosso Criador planeja para nós; o próprio Jesus disse isso em Lucas 12:26: “Visto que vocês não podem sequer fazer uma coisa tão pequena, por que se preocupar com o restante?”.

Mas há boas novidades. A preocupação é um hábito aprendido. E, se é aprendido, pode ser desaprendido.

Como? Bem, temos de treinar nossa mente para que reaja aos problemas de um modo diferente. Um modo mais calmo e saudável.

Senhor Deus e Pai, por favor ajude-me a treinar minha mente de uma maneira nova, não com preocupação, mas fixando meus pensamentos no Senhor, para que assim me mantenha em perfeita paz. Amém.

---

* Um medicamento ansiolítico, indicado para tatamento de sintomas como ansiedade, tensão, medo, dificuldades de concentração, irritabilidade e insônia. (N.E.)

Assumindo riscos

*Quem observa o vento não plantará;
e quem olha para as nuvens não colherá. Assim como
você não conhece o caminho do vento, nem como o
corpo é formado no ventre de uma mulher, também não
pode compreender as obras de Deus, o Criador de todas
as coisas. Plante de manhã a sua semente, e mesmo ao
entardecer não deixe as suas mãos ficarem à toa, pois
você não sabe o que acontecerá, se esta ou aquela
produzirá, ou se as duas serão igualmente boas.*

(Ec 11:4-6 – NVI)

Assumir riscos é... bem... arriscado. Afinal, provavelmente a maioria de nós prefere nossa vidinha segura, marcada por implacáveis repetições. Ela é muito confortável. Por que mudar alguma coisa que não envolve confusão, complicação, arriscando-nos a parecer ridículas, incompetentes ou simplesmente erradas?

Eu lhe direi a razão: porque Deus planejou que nossas vidas fossem abundantes: "Eu vim para que as ovelhas tenham vida, e vida em abundância" (Jo 10:10). E viver em abundância inclui enfrentar uma série de oportunidades que exigem correr riscos.

Pai amado, preciso da Sua sabedoria para saber quando correr riscos e quando ser cautelosa. Quero viver em plenitude para a vida a qual o Senhor me chamou, para Sua glória. Amém.

Sentimentos não são verdade

Mas o Advogado, o Espírito Santo, a quem o Pai enviará em meu nome, esse vos ensinará todas as verdades e vos fará lembrar tudo o que Eu vos disse. Deixo-vos a paz; a minha paz vos dou. Não vo-la dou como o mundo a dá. Não permitais que vosso coração se preocupe nem vos deixeis amedrontar.

(Jo 14:26,27 – KJA)

Muitos que superam a ansiedade são aqueles que se recusam a acreditar na mentira de que os sentimentos ditam a verdade – a mentira que diz por que sentimos medo, agarrando nossos braços, comprimindo nosso coração e envolvendo seus tentáculos ao redor de nossas traqueias, não nos restando opção exceto permitir que nos prenda em um abraço sufocante. Você também não acredita?

Sentimentos não ditam a verdade. Na realidade, a verdade é que deve ditar os sentimentos. O medo não é uma "coisa" física. Não pode forçá-la a nada. O medo só existe no campo emocional, e você não é escrava de suas emoções.

Senhor Deus e Pai, não quero ser oprimida por minhas emoções. Quero oprimi-las com Sua verdade e Sua paz. Por favor, ajude-me. Amém.

O amor derrota o medo

No amor não há medo.
(1Jo 4:18 – NVI)

Uma das emoções mais antigas e intensas da humanidade é o medo. Lembra como Adão e Eva se esconderam imersos no medo de Deus no Jardim do Éden depois de terem pecado? Sim, o medo existe há muito tempo. Mas há alguma coisa muito relevante que nos consola: a única emoção mais antiga e mais forte é o amor. Deus amava Adão e Eva antes e depois de eles pecarem. Claro que ficou desapontado e aborrecido com ambos por causa da desobediência (assim como nós quando nossos filhos nos desobedecem). Mas Ele ainda os amava.

E o amor – tanto para nós como para o nosso Criador – é um poderoso motivador para nos ajudar a derrotar os medos.

Paizinho amado, Seu amor infinito é fantástico para mim. Obrigada porque, em razão de Seu amor, nada tenho a temer. Amém.

Atitude de gratidão

Venham! Cantemos ao Senhor com alegria!
Aclamemos a Rocha da nossa salvação.
Vamos à presença dele com ações de graças;
vamos aclamá-lo com cânticos de louvor.
(Sl 95:1,2 – NVI)

Se você reservar um tempo para procurar estes versículos, verá que há um padrão de ação de graças: Salmos 69:30; 147:7; Jonas 2:9; Colossenses 2:7; 3:15-16; 4:2; Hebreus 12:28.

Não acredito que nosso Pai quisesse que agradecêssemos apenas a Ele as bênçãos que enriquecem nossa vida, mas também às pessoas responsáveis pelas pequenas coisas que tornam mais agradável nossa estada na terra.

Às vezes, uma expressão de gratidão pode fazer toda a diferença no mundo para aquelas pessoas que precisam desesperadamente saber que são importantes, que as valorizamos. Que suas ações, ainda que simples, são apreciadas – uma garçonete afobada, um atendente sobrecarregado, tentando reduzir uma longa fila de espera, um solitário funcionário de estacionamento, uma cuidadora na creche, mergulhada até os cotovelos em fraldas sujas...

Paizinho amado, minha maior ação de graças e gratidão deve ser dirigida ao Senhor. Ajude-me também a mostrar gratidão àqueles que o Senhor tem colocado ao meu redor. Amém.

Uma poderosa ação de graças

Dando graças constantemente a Deus Pai por todas as coisas, em nome de nosso Senhor Jesus Cristo.
(Ef 5:20 – NVI)

Os cientistas que no passado, em geral, desconsideravam o papel da gratidão descobriram agora ser ela uma das emoções humanas mais poderosas, que pode literalmente fazer as pessoas viverem vidas mais longas e felizes. Na verdade, as publicações sobre gratidão estão se tornando uma ferramenta de terapia regular usada por muitos psicólogos para ajudar os pacientes a reduzirem o medo, conectar-se com os outros e melhorar suas perspectivas emocionais.

A ideia é reconhecer as pessoas às quais você é agradecida, considerar como seria sua vida sem as coisas de que gosta e ser intencionalmente grata por elas. Portanto, dê um passo adiante e expresse sua gratidão. O objetivo é transformar seu comportamento queixoso em gratidão, e um ajuste para uma atitude positiva virá em seguida.

Não é extraordinário que a Psicologia esteja finalmente percebendo o que a Bíblia nos conta há séculos?

Pai amado, existe muito poder e muita paz incorporados em Suas bênçãos para mim. Obrigada por tudo isso. Amém.

O reparador da vida

Portanto, também nós, uma vez que estamos rodeados por tão grande nuvem de testemunhas, livremo-nos de tudo o que nos atrapalha e do pecado que nos envolve, e corramos com perseverança a corrida que nos é proposta, tendo os olhos fitos em Jesus, autor e consumador da nossa fé. Ele, pela alegria que lhe fora proposta, suportou a cruz, desprezando a vergonha, e assentou-se à direita do trono de Deus.

(Hb 12:1,2 – NVI)

Agarrarmo-nos a nossos problemas é como olhar dia após dia bolinhos queimados, quiches destruídas e cookies duros enfileirados no balcão, em vez de pegar o telefone e ligar para o técnico de reparos ao forno.

Consertar a fonte é a chave, não lamentar os sintomas. Chame o Reparador da Vida e conte-Lhe não apenas suas necessidades, mas também o que você aprecia sobre a obra Dele. Louvado seja o nosso Deus pelos Seus atributos amorosos – paciência, perdão, lealdade, graça, cura, proteção, provisão, renovação, descanso, segurança e sabedoria, para citar alguns –, os quais Ele concede a Seus amados filhos. Ele está sempre disposto a fazer um atendimento em domicílio.

Deus e Pai, o Senhor é tudo de que preciso e a resposta para cada problema e cada pergunta que tenho. Ajuda-me a correr a Ti em primeiro lugar para tudo em minha vida. Amém.

Oração atendida

Não andem ansiosos por coisa alguma,
mas em tudo, pela oração e súplicas, e com ação de
graças, apresentem seus pedidos a Deus.
(Fp 4:6 – NVI)

Sei que às vezes não nos sentimos agradecidos pelas respostas de Deus, sobretudo quando os problemas nos enchem de medo, raiva ou ressentimento. No entanto, Deus não especificou que devemos ser gratas apenas pelas boas respostas. Não. Ele disse que Lhe agradecêssemos por todas as Suas respostas, mesmo se forem: "Não, meu amado filho", "Espere Meu momento perfeito", ou ainda: "Sinto muito que você deva passar por esta provação, algo essencial, mas passarei por ela com você". Não temos de nos alegrar com as circunstâncias difíceis, mas, se encararmos os momentos de provação como atos de fé, acreditando que o nosso Todo-Poderoso e onisciente Pai está usando até mesmo o processo de moagem dos tempos difíceis para aguçar nossa confiança, então nos aproximaremos Dele. Ei, e não é esse nosso objetivo?

Pai amado, Tuas respostas às minhas orações são sempre boas, quer sejam o que eu esperava, quer não sejam. Por favor, ajuda-me a confiar mais em Ti. Amém.

Segure firme

Aclamem o Senhor todos os habitantes da terra!
Prestem culto ao Senhor com alegria;
entrem na sua presença com cânticos alegres.

Reconheçam que ele é o nosso Deus. Ele nos fez e somos dele: somos o seu povo, e rebanho do seu pastoreio.

Entrem por suas portas com ações de graças, e em seus átrios, com louvor; deem-lhe graças e bendigam o seu nome. Pois o Senhor é bom e o seu amor leal é eterno; a sua fidelidade permanece por todas as gerações.
(Sl 100 – NVI)

Você acha complicado segurar com firmeza a gratidão? Quando os tempos difíceis chegam – e inevitavelmente virão –, a gratidão é uma das primeiras coisas que deixamos para trás. Portanto, agarre-a com mais força. Contabilizar nossas bênçãos em meio aos problemas com certeza é penoso, mas só isso desatará nossas entranhas, acalmará nosso coração angustiado, diminuirá nossas defesas e derreterá nossa raiva. Precisamos ser agradecidas... Espiritual, emocional e fisicamente também.

Senhor meu Deus e Pai, circunstâncias difíceis com frequência me levam a esquecer todas as bênçãos que o Senhor tem me dado. Por favor, ajude-me a agarrar firmemente a gratidão. O Senhor é muito bom para mim. Amém.

Escolha o contentamento

Deem graças ao Senhor, porque ele é bom.
O seu amor dura para sempre!
Deem graças ao Deus dos deuses.
O seu amor dura para sempre!
Deem graças ao Senhor dos senhores.
O seu amor dura para sempre!
(Sl 136:1-3 – NVI)

Escolhas intencionais, se praticadas, viram hábitos. Inspire-se na pessoa mais grata que você conhece. Se nenhuma lhe vem à mente, então precisa de uma nova galera. Saia e conheça alguém cujo semblante demonstre alegria e cujos olhos brilhem. Não se engane – amigos que não fazem nada exceto reclamar e queixar-se acabarão arrastando você para baixo. Se você ficar sob uma torneira pingando, vai se molhar. Portanto, saia com pessoas otimistas e positivas. Nesse ínterim, simule a situação até que seja real. Você não sabe como o fato de propositadamente pensar e falar como se tivesse um espírito de gratidão pode mesmo produzir um!

Senhor Deus e Pai, quero construir um hábito constante de gratidão. Por favor, envolva-me com amigos que também desejam o mesmo. Amém.

Poderosa proteção

A nossa luta não é contra pessoas, mas contra os poderes e autoridades, contra os dominadores deste mundo de trevas, contra as forças espirituais do mal nas regiões celestiais.
(Ef 6:12 – NVI)

Você sabia que couraças também eram usadas pelos sumos sacerdotes nos tempos bíblicos para, em sentido figurado, se protegerem da injustiça? Justiça significa "agir certo aos olhos de Deus"; esses caras sacerdotais simbolicamente se defendiam dos ataques do inimigo (Satanás), o que poderia muito bem resultar em pecado e morte espiritual.

Naquela época – e agora – usar armaduras representava uma precaução para se proteger de um inimigo astuto e inescrupuloso. Hoje, não podemos usar verdadeiras couraças de aço, mas certamente precisamos de uma proteção que seja tão forte quanto. Você e eu ainda enfrentamos ataques diários, embora nem nosso inimigo nem nossa armadura sejam visíveis.

Pai amado, por favor, proteja-me e mantenha-me forte na luta contra o inimigo. Conseguirei suportar os ataques usando a armadura que só o Senhor pode me dar. Amém.

Não como merecemos

Não nos trata conforme os nossos pecados nem nos retribui conforme as nossas iniquidades. Pois como os céus se elevam acima da terra, assim é grande o seu amor para com os que o temem; e como o Oriente está longe do Ocidente, assim ele afasta para longe de nós as nossas transgressões. Como um pai tem compaixão de seus filhos, assim o Senhor tem compaixão dos que o temem.

(Sl 103:10-13 – NVI)

Jesus Cristo, o único "ser humano" de fato inocente que já viveu, foi confrontado com a injustiça final: executado em um horrível e terrivelmente doloroso desastre público por tudo que não fez. E não lutou contra a situação. Não gritou, não reclamou, não discursou sobre a injustiça a que O submeteram. Sequer se recusou a olhar para Seus agressores.

Não. Ele os olhou muito bem – olhou através deles e viu a humanidade crua, ferida e falível bem mais além da superfície das odiosas ações praticadas. Ele compassivamente pediu a Deus que lhes perdoasse, pois não haviam compreendido por completo a grave atrocidade cometida. E, ao fazê-lo, Jesus também lhes perdoou.

Senhor Jesus, meu Salvador, jamais poderei agradecer o suficiente por morrer na cruz para perdoar meus pecados. Sua compaixão e Seu amor me enchem de esperança. Amém.

Setenta vezes sete

Então Pedro aproximou-se de Jesus e perguntou: "Senhor, quantas vezes deverei perdoar a meu irmão quando ele pecar contra mim? Até sete vezes?" Jesus respondeu: "Eu lhe digo: não até sete, mas até setenta vezes sete".
(Mt 18:21,22 – NVI)

Você não concorda que o perdão é uma das coisas mais difíceis que nossa fé exige de nós? A maioria fica perturbada com isso, mas, felizmente, é uma habilidade que melhora com a prática. Quanto mais perdoamos, mais tolerantes nos tornamos.

Quando percebemos o que o perdão faz de fato por nós, é surpreendente não nos atirarmos a ele com mais frequência. Pesquisas mostraram que o perdão diminui o estresse, a depressão e a ansiedade. Mas isso não é novidade. No século XVI, Martinho Lutero* disse: "Pensamentos pesados acarretam males físicos; quando a alma é oprimida, o mesmo acontece com o corpo".

Senhor Deus e Pai, o Senhor tem deixado bem claro que devo perdoar os outros repetidamente, assim como o Senhor me perdoa. Só consigo fazer isso com Sua ajuda. Obrigada! Amém.

---

* Martinho Lutero (1483-1546) foi um monge agostiniano e professor de Teologia germânico que se tornou uma das figuras centrais da Reforma Protestante. (N.T.)

Apenas os corajosos

Pois se perdoarem as ofensas uns dos outros, o Pai celestial também lhes perdoará. Mas se não perdoarem uns aos outros, o Pai celestial não lhes perdoará as ofensas.

(Mt 6:14,15 – NVI)

O perdão é essencial para alcançar a paz interior. Rancores corroem o espírito. Mas disso você já sabe. Quanto mais rancores acumulamos, mais vorazes eles se tornam, devorando nossa paixão pela vida. O ressentimento é venenoso. O veneno se espalha gradualmente por todas as moléculas do nosso ser e mata devagar a centelha de vida dentro de nós. Como um câncer da alma.

Robert Muller, ex-secretário-geral adjunto das Nações Unidas, disse: "Somente os corajosos sabem perdoar. Os covardes nunca perdoam". Concordo cem por cento com a citação. Não consigo pensar em nada mais corajoso do que perdoar alguém que lhe causou mal. Especialmente de propósito.

Pai amado, não quero guardar rancor ou mágoas passadas. Por favor, ajude-me a ser corajosa o bastante para perdoar, como o Senhor o faz. Amém.

Escolha obedecer

E, quando estiverdes orando, perdoai, se tendes alguma coisa contra alguém, para que vosso Pai, que está nos céus, vos perdoe as vossas ofensas.
(Mc 11:25 – AM)

Como perdoamos? Como podemos libertar nossa necessidade de vingança e evitar que a raiva, a amargura e o ressentimento envolvam nosso coração com suas garras destrutivas?

Bem, há uma coisa que aprendi: você talvez não se sinta perdoada, mas se, por pura obediência a Cristo, de qualquer maneira manifestar seu perdão – todos os dias, se necessário, até que "invada" todo seu coração –, o perdão verdadeiro virá. Em outras palavras, os sentimentos geralmente surgem depois da decisão de agir. Mark Twain* afirmou: "Daqui a vinte anos, você estará mais arrependido pelas coisas que não fez do que pelas que fez".

Então, por que não fazer isso agora e salvar-se da angústia?

Senhor Deus e Pai, às vezes parece que o perdão exige uma batalha constante entre meus sentimentos e minhas ações. Ajuda-me a agir em obediência e a confiar em Ti. Amém.

---

* Samuel Langhorne Clemens (1835-1910), mais conhecido pelo pseudônimo Mark Twain, foi um escritor e humorista norte-americano. Seu raciocínio perspicaz e suas sátiras incisivas renderam-lhe a admiração de seus colegas e o enaltecimento dos críticos. Ele foi laureado como o "maior humorista americano de sua época", sendo definido como o "pai da literatura americana". (N.T.)

Emocionalmente conectada

O homem irritável provoca dissensão,
mas quem é paciente acalma a discussão.
(Pv 15:18 – NVI)

Emoções são conectadas a nós pelo nosso fervoroso Pai, que sente as coisas com intensidade e nos criou à Sua imagem. Fomos criados para sentir. As únicas pessoas que não sentem raiva, amargura ou ressentimento são as mortas. Entretanto, quando as emoções são impetuosas, potencialmente destrutivas, precisamos submetê-las a Cristo, sem deixar que se tornem caóticas.

Um jeito de fazer isso é escrevendo os sentimentos negativos. Deixe-os jorrar livremente, vomitando--os por toda a página. Em seguida, considere dar um passo adiante, queimando o papel ou amarrando-o a um balão de hélio e liberando-o, um gesto simbólico que representará a partida da raiva. Observar o balão flutuando em uma brisa suave é incrivelmente libertador.

Senhor, meu Deus e Pai, às vezes minhas emoções são muito poderosas, mas Seu Espírito e Sua verdade são sempre maiores. Por favor, ajude-me a controlar meus sentimentos de uma maneira que Lhe agrade. Amém.

Livre-se dos ratos

Ele deixará claro como a alvorada que você é justo,
e como o sol do meio-dia que você é inocente.
Descanse no Senhor e aguarde por ele com paciência;
não se aborreça com o sucesso dos outros,
nem com aqueles que maquinam o mal.
(Sl 37:7,8 – NVI)

Abrigar o ressentimento é como engolir veneno e esperar que a outra pessoa morra. A raiva não fere seu agressor. Ela fere você. Machuca não só você, mas também aqueles que se preocupam estão ao seu lado, aqueles que se sentem desamparados e desesperançados, assistindo à amargura corroer como ratos de esgoto vorazes atacando aquilo que amam. Ratos que nunca estarão saciados.

Ouço dizerem que desculpar-se não significa necessariamente que você está errada e a outra pessoa está certa. Significa apenas que você valoriza os relacionamentos mais do que seu próprio ego. E não é isso que o nosso Pai quer que priorizemos?

Senhor Deus e Pai, por favor, ajude-me a libertar esse ressentimento que ainda conservo. Não quero que isso destrua meu relacionamento com os outros e, sobretudo, meu relacionamento com o Senhor. Amém.

Permita que Deus a modifique

Pois se perdoarem as ofensas uns dos outros,
o Pai celestial também lhes perdoará.
Mas se não perdoarem uns aos outros,
o Pai celestial não lhes perdoará as ofensas.
(Mt 6:14,15 – NVI)

Perdoar não significa mudar outra pessoa. Você não tem poder para isso. Perdoar significa mudar alguma coisa dentro de você. Provavelmente também não tenha o poder de fazer isso, mas conhece Alguém que o tem.

Perdoar é destrancar a dor que você usa como um pesado colete de chumbo à prova de balas, para que enfim o arremesse ao chão e sinta o grande, afetuoso e pulsante coração do Pai abraçá-la. Ele a perdoou e quer que você faça o mesmo pelos outros.

O perdão não é opcional para aqueles que têm fé – para que o recebamos, devemos cedê-lo. O perdão é a base para um profundo e contínuo relacionamento com nosso Pai Celestial. E Ele tem boas razões para decretar esse ultimato.

Pai Celestial, por favor, mude meu coração. Por favor, suavize-o com um desejo de perdoar aqueles que me magoam. Quero praticar o Seu perdão. Amém.

Graça = perdão agressivo

Veio, porém, a lei para que a ofensa abundasse;
mas, onde o pecado abundou, superabundou a graça;
para que, assim como o pecado reinou na morte,
também a graça reinasse pela justiça para
a vida eterna, por Jesus Cristo, nosso Senhor.
(Rm 5:20,21 – AM)

Você não quer apenas tatuar aquela incrível frase em frente ao peito! Mesmo depois de fazermos escolhas ruins, a graça nos convida a voltar à vida. Ela não nos deixará mortas e apodrecendo. Ela nos oferece uma outra oportunidade de viver a vida ao máximo. Porque a graça, aquele "perdão agressivo" (simplesmente amo essa expressão!), supera o pecado. Qualquer pecado. E nosso Pai já está colando os estilhaços do caos que fizemos de nós mesmas por meio do amor de Jesus.

Senhor Deus e Pai, obrigada por me colar repetidas vezes com a Sua graça. Nem mesmo quero saber onde eu estaria sem isso. Amém.

Mantenha seu capacete

Usem o capacete da salvação e a espada do Espírito, que é a palavra de Deus.
(Ef 6:17 – NVI)

"Penso que tudo se resume a: em quem vamos confiar?", Marianna compartilhou comigo em voz suave. "Deus conhece exatamente o que pensamos e sentimos. A paz vem em aceitar o caminho que Ele estabeleceu para nós, percebendo que nada disso foi feito para nos magoar ou para nos tornar infelizes. Precisamos confiar que Ele preencherá as lacunas".

Entenda, não é coincidência a peça de armadura espiritual que representa a Salvação pela graça ser um capacete. Precisamos de protetores de cabeça resistentes e impenetráveis para defender nossos pensamentos, nossos raciocínios e as razões do nosso medo destrutivo do desastre em potencial. Aquele espesso cérebro acolchoando nosso capacete é a garantia de que, por meio da vida, da morte ou dos quase acidentes, estamos a salvo nas mãos do Pai.

Senhor Deus e Pai, por favor, ajude-me a manter o capacete da Salvação sempre em minha cabeça e, assim, meus pensamentos, dando-me a constante confiança de que sou salva pelo Senhor e estou em segurança sob Seu cuidado. Amém.

Luta de espadas

Pois a palavra de Deus é viva e eficaz, e mais afiada que qualquer espada de dois gumes; ela penetra ao ponto de dividir alma e espírito, juntas e medulas, e julga os pensamentos e intenções do coração.
(Hb 4:12 – NVI)

Os sujeitos da patrulha de esqui que finalmente me acharam se perguntaram por que lhes pedi que me fotografassem antes de me colocar no trenó de resgate. "Tem certeza de que esta é a lembrança que quer manter?", um deles perguntou enquanto olhava meus lábios azuis e o joelho inchado.

"Certeza absoluta", respondi com segurança. "Quero sempre me lembrar do dia em que aprendi a lutar com espadas".

Acredito firmemente na megaimportância de manter um arsenal completo de Escrituras carregado e pronto para a batalha. A Palavra de Deus é nossa espada – nossa maior e melhor arma. Nunca sabemos quando ou onde o Inimigo vai nos emboscar, e nem sempre temos uma Bíblia, nosso conselheiro religioso ou mesmo informações confiáveis à mão. Nossa espada deve ser portátil, afiada e útil em todos os momentos. Até mesmo no cume de uma montanha solitária.

Querido Deus e Pai, existe muito poder em Sua Palavra, poder em que preciso confiar em toda batalha, interna ou externa, onde me encontro. Por favor, ajude-me a memorizar e a viver Sua Palavra. Amém.

GPS pessoal

A tua palavra é lâmpada que ilumina os meus passos e luz que clareia o meu caminho.
(Sl 119:105 – NVI)

Dois anos atrás, eu me convenci de que precisava dedicar mais tempo à Palavra.

Então resolvi ler, estudar as Escrituras e meditar sobre elas diariamente, sete dias por semana. Minha razão era simples: sabia que a Palavra é uma das principais maneiras de Deus falar conosco, e não queria perder nada!

E sabe o que mais? Essa foi a decisão mais edificante, embelezadora e satisfatória de minha vida. Tenho ouvido alguma coisa nova, revigorada e totalmente aplicável a partir da voz tranquila e baixa de meu Salvador todos os dias nos últimos dois anos. A escritura virou meu mapa de vida, meu guia, como um GPS pessoal (Satélite Propulsionado pelo Grande Deus).

Senhor Deus e Pai, Sua Palavra verdadeiramente é um farol para meus pés e a luz para meu caminho. É uma bênção segui-Lo. Amém.

Você não tem de ser Olívia Palito

Finalmente, fortaleçam-se no Senhor e no seu forte poder. Vistam toda a armadura de Deus, para poderem ficar firmes contra as ciladas do diabo.
(Ef 6:10,11 – NVI)

Ei, você percebeu que a espada é a única peça da armadura de Deus abertamente ofensiva? Todos os outros componentes da armadura (escudo, capacete, couraça, cinto e calçados) são principalmente para defesa e proteção contra ataques. A espada (Escritura) é a nossa arma designada para atacar e desarmar agressivamente nosso adversário. Que tipo de covardes guerreiras seríamos se apenas conseguíssemos nos defender? Precisamos estar dispostas e aptas a reverter a situação e atacar. Na verdade, quero dizer: quem quer ser Olívia Palito quando pode ser a grande, malvada e ousada Xena, a Princesa Guerreira?

Senhor Deus e Pai, ajude-me a lembrar que nunca preciso ser uma cristã covarde. O Senhor me equipou com tudo de que necessito para ser ousada e corajosa para Sua glória. Amém.

Apenas cuidadoras

Saí nu do ventre da minha mãe, e nu partirei.
O Senhor o deu, o Senhor o levou;
louvado seja o nome do Senhor.
(Jó 1:21 – NVI)

Talvez você não perceba, mas as finanças também são importantes para Deus. Há mais de dois mil versículos na Bíblia sobre dinheiro e bens. Portanto, podemos ter certeza de que Ele se preocupa com as nuances de nossa situação econômica (especialmente quando há mais saídas do que entradas de dinheiro).

Quando falo sobre dinheiro e sobre o que ele compra, penso que a primeira premissa a ser estabelecida é que o pouco – ou o muito – que possuímos não é, em primeiro lugar, de fato nosso. Somos apenas cuidadoras. "Do Senhor é a terra e tudo o que nela existe, o mundo e os que nele vivem" (Sl 24:1 – NVI). Portanto, embora a conta bancária, o fundo fiduciário ou a hipoteca exibam nosso nome, não somos as verdadeiras proprietárias. Deus o é.

Pai amado, todas as bênçãos que recebo vêm do Senhor. Por favor, dê-me sabedoria sobre minhas finanças e mantenha minhas mãos abertas para entregar generosamente o que o Senhor confiou aos meus cuidados. Amém.

Aprenda com os erros

Mas agora assim diz o Senhor, aquele que o criou, ó Jacó, aquele que o formou, ó Israel: "Não tema, pois eu o resgatei; eu o chamei pelo nome; você é meu".

(Is 43:1 – NVI)

No Antigo Testamento, os filhos de Israel estavam comprometidos com a mudança. Sistematicamente, enquanto Moisés os conduzia para longe da vida opressiva de escravos egípcios, eles reclamavam sobre sua difícil adaptação aos inconvenientes da jornada. Avançar para o desconhecido assustava mais do que voltar para a existência miserável, mas previsível, de antes. (Leia Êxodo 16:3 e 17:3 para ver os exemplos das lamentações.)

Em sua covardia, eles fizeram todo tipo de coisas estúpidas: questionaram o poder de Deus, desobedeceram inúmeras vezes, quase apedrejaram aquele que foi ungido para libertá-los, Moisés, e, a pior de todas as coisas: construíram um bezerro de ouro para adorar no lugar do Deus Todo-Poderoso. Foi algo espantoso: um animal como Deus.

Senhor Deus e Pai, por favor, ajuda-me a aprender com os erros dos hebreus para que eu possa confiar mais em Ti, mesmo em tempos de grandes mudanças. Que a Palavra também me ajude a aprender como o Senhor ama o Seu povo, apesar dos nossos erros. Amém.

Abrir mão do controle

Portanto, não se preocupem, dizendo: "Que vamos comer?" ou "que vamos beber?" ou "que vamos vestir?". Pois os pagãos é que correm atrás dessas coisas; mas o Pai celestial sabe que vocês precisam delas. Busquem, pois, em primeiro lugar o Reino de Deus e a sua justiça, e todas essas coisas lhes serão acrescentadas.

(Mt 6:31-33 – NVI)

Quantas vezes você, em alvoroço por causa de uma grande decisão, ligou para sua melhor amiga em vez de orar? Ou acreditou em alguma coisa que leu em uma revista mais do que naquilo que lê na Bíblia? Considere-se também culpada por isso.

Como já disse antes e vou repetir, o medo é realmente uma questão de controle. Achamos que se, de alguma forma, conseguirmos manter o controle sobre as coisas que acontecem conosco, faremos um cruzeiro em felicidade, paz e tranquilidade. Podemos achar que estamos no controle, mas de fato nunca estivemos. E nunca estaremos.

Para algumas de nós viciadas em controle, esse é o pensamento mais assustador de todos.

Pai amado, gosto de controlar as coisas do meu jeito, mas os Seus caminhos são muito melhores. Por favor, ajude-me a primeiro procurá-Lo e entregar-Lhe o volante em cada estrada pela qual eu viaje. Amém.

Afrouxe seu controle

O meu Deus suprirá todas as necessidades de vocês, de acordo com as suas gloriosas riquezas em Cristo Jesus.

(Fp 4:19 – NVI)

Amo a visão de Elisabeth Elliot* em assumir o controle com muita força: "O hoje é meu. O amanhã não é da minha conta. Se eu insistir em tentar olhar pelo nevoeiro do futuro, vou estragar meus olhos espirituais e isso impedirá que eu veja claramente o que é exigido de mim agora".

Encare o fato, irmã, de que você não tem controle sobre muitas coisas: o que range na noite, o que os outros pensam sobre você, a longevidade de seus órgãos internos, a crueldade do processo natural de envelhecimento, quando seus entes queridos serão chamados para a eternidade, ou ainda mil outras possibilidades que consiga imaginar. Você não pode controlar o que Deus faz ou não. Porque Ele é Deus. É o único no controle. Sempre foi e sempre será.

Querido Deus e Pai, preciso de um equilíbrio mais adequado entre pensar com sabedoria sobre o futuro e não me estressar ou tentar controlá-lo. Por favor, ajude-me a viver dia após dia, confiando em Ti para estabelecer e me mostrar Tua vontade. Amém.

---

* Elisabeth Elliot (1926-2015) foi escritora e oradora cristã. Viveu nos Estados Unidos depois de muitos anos na América do Sul, tornando-se amplamente conhecida como a autora de mais de vinte livros e como oradora. (N.T.)

Quando desobedecemos a Deus

Porque nisto consiste o amor a Deus:
obedecer aos seus mandamentos.
E os seus mandamentos não são pesados.
(1Jo 5:3 – NVI)

Saul, o alto e bonito pastor de jumentos que foi escolhido a dedo por Deus como o primeiro rei de Israel, repetidamente se recusou a obedecer ao Todo-Poderoso até ser finalmente rejeitado pela mesma mão que o havia coroado (veja 1 Samuel 16:1). O Espírito de Deus abandonou Saul, que então ficou muito deprimido e com medo (veja 1 Samuel 16:14).

Uau. Vamos parar aqui por um momento e anotar o que acontece quando a desobediência nos separa do Espírito do Senhor: somos invadidas pela depressão e pelo medo. Esse é um ponto crucial. Assinale-o com o marcador de texto.

Paizinho amado, quero Lhe obedecer em todas as coisas. Quando eu falhar, por favor, mantenha-Se puxando-me de volta para um relacionamento perfeito com o Senhor, para que alegria e paz me invadam, e não depressão e medo. Amém.

Por que duvidar?

Mas, quando reparou no vento, ficou com medo e, começando a afundar, gritou: "Senhor, salva-me!" Imediatamente Jesus estendeu a mão e o segurou. E disse: "Homem de pequena fé, por que você duvidou?".

(Mt 14:30,31 – NVI)

"Por que você duvidou?" Essa é a pergunta de um milhão de dólares, não é? Por que duvidamos Dele quando está lá no meio do nosso oceano de tribulação, provando a nós que é mais do que poderoso para Se elevar acima da tempestade e nos manter lá no alto com Ele? Por que parece muito mais seguro rastejar de volta ao barco?

Por que escolhemos ouvir nossas nocivas vozes internas e ficamos agarradas ao barco quando poderíamos ser andarilhas das águas?

Paizinho amado, minha pecaminosa voz interior e as vozes dos outros às vezes me arrastam para baixo e me levam a duvidar de Ti. Por favor, ajude-me a ouvir Sua voz e a confiar somente nela. Amém.

Os problemas reais

Respondeu o Senhor: "Marta! Marta! Você está preocupada e inquieta com muitas coisas; todavia apenas uma é necessária. Maria escolheu a boa parte, e esta não lhe será tirada".
(Lc 10:41,42 – NVI)

Jesus reconhece os sentimentos perturbados de Marta e, desse modo, Ele confirma que, com base no que se percebe aqui, aborrecer-se não é uma reação exagerada. Mas, ao mesmo tempo, Ele ressalta que as emoções não são confiáveis, pois impedem Marta de ver os problemas reais. Abastecer os convidados com certeza revela-se importante, e assim é a respeitosa assistência de sua família, mas algumas coisas – não físicas; não podem ser tocadas – são ainda mais relevantes aqui: saúde espiritual, descoberta da verdade, relacionamentos, Salvação de sua alma. Tais elementos precisam ser avaliados em um *continuum* de eternidade, não em um *checklist* diário.

Senhor Deus e Pai, por favor, ajude-me a encontrar esse sábio equilíbrio de fazer o que precisa ser feito no aqui e agora e, ainda assim, sempre vislumbrar as coisas à luz da eternidade. Amém.

Humildade + gratidão

O orgulho do homem o humilha,
mas o de espírito humilde obtém honra.
(Pv 29:23 – NVI)

Recorrendo a expressões mais modernas, Saul "cuspiu no próprio prato", ou seja, retribuiu com ingratidão a generosidade recebida. Ele esqueceu completamente as pilhas de cocô de jumento que usou para trabalhar com dureza antes de ser rei e negligenciou ser agradecido às bênçãos recebidas. Tornou-se egocêntrico e autossuficiente, não mais reconhecendo Aquele que foi responsável por sua desmerecida majestade, seu poder e sua posição elevada. E, o pior de tudo, Saul entristeceu o coração de Deus, assumindo uma desobediência voluntária (veja 1 Samuel 15:11).

Uma nova perspectiva de gratidão teria alterado tudo. A humildade de mãos dadas com a gratidão provavelmente despertaria no interior de Saul um desejo de ser obediente – e agradecido – à Fonte de seu bom destino.

Pai amado, sinto-me tão orgulhosa de mim mesma, às vezes, e me desculpe. Por favor, perdoe-me e ajude-me a ser humilde e grata por tudo o que o Senhor é e por tudo o que faz por mim. Amém.

Um registro de seu poder

Lembrem-se das coisas passadas, das coisas muito antigas! Eu sou Deus, e não há nenhum outro; eu sou Deus, e não há nenhum como eu.

(Is 46:9 – NVI)

Todos nós poderíamos nos beneficiar recorrendo a um diário de oração – uma fantástica maneira de registrar o poder de Deus em nossa vida. Então, quando a dúvida afronta nossa fé, o medo ameaça nos devorar, e mesmo quando um desastre pairar sobre nós como um ciclone, poderemos nos lembrar de imediato dos momentos em que as mãos misericordiosas de Deus nos resgataram de surpreendentes maneiras.

Lembrando o que Deus já fez por nós por meio de Cristo, desenvolveremos uma memória milagrosa. Ele derrotou o instigador do medo na cruz e fará isso de novo. E de novo.

Senhor Deus e Pai, o Senhor tem sido muito bom para mim, revelando-me Seu amor e Suas bênçãos em tantas orações atendidas. Lembre-me deles diariamente para que eu confie ainda mais em Ti. Amém.

Vivendo de fato

Pois Deus não nos deu espírito de covardia,
mas de poder, de amor e de equilíbrio.
(2Tm 1:7 – NVI)

Se vivemos com medo, o dom precioso que você e eu recebemos do sacrifício que Jesus fez por nós quando trocou Sua vida pela nossa é reduzido a... bem... chiclete na sola do nosso tênis. Alguma coisa que raspamos e descartamos.

Em vez de vivermos sem restrições, calculamos ansiosamente todos os riscos. Trocamos a liberdade por algemas. Trucidamos a ousadia pela covardia. Substituímos a alegria pela angústia. Em vez de avançarmos audaciosas, refreamo-nos tímidas. Viver com medo não implica de fato viver em plenitude.

Senhor Deus e Pai, quero viver confiantemente, sem medo, em razão do espírito de poder, do amor e da autodisciplina que o Senhor me deu. Obrigada! Amém.

A ameaça da perda

O justo passa por muitas adversidades,
mas o Senhor o livra de todas.
(Sl 34:19 – NVI)

Perder um ente querido é uma preocupação legítima que, infelizmente, acontecerá com cada uma de nós em algum momento de nossa vida. Mas, por meio do dom do poder, do amor e da autodisciplina do Espírito Santo, não precisamos ser consumidas pela ameaça da perda. Descartar um presente de valor inestimável, como a liberdade desprovida do medo, é um tapa na cara Daquele que o comprou para nós com Seu amor.

Claro, as coisas ruins que imaginamos podem acontecer. Às vezes acontecem. Assim é a vida. Entretanto, vale mais nos privarmos de nossa luz própria e rastejar sob as cobertas, antecipando o anoitecer, ou dançar à luz do sol e lidar com a escuridão quando ele se põe?

Pai amado, as duras realidades neste mundo caído às vezes me dominam. Por favor, console-me e lembre-me de que o Senhor fará todas as coisas certas um dia. Até lá, ajude-me a viver corajosamente pelo Seu poderoso Espírito. Amém.

Liberdade verdadeira

Assim sendo, se o Filho vos libertar,
sereis verdadeiramente livres.
(Jo 8:36 – KJA)

Todas nós queremos mais que tudo a liberdade, não é? Liberdade da escuridão do medo. Liberdade da ameaça da perda espreitando nos cantos de nossa mente. Liberdade de nos despojarmos de qualquer arma enquanto vivemos, rimos e amamos.

A fim de encontrarmos essa liberdade e efetivamente extinguir a escuridão, precisamos nos esforçar para atingir a Fonte de toda a luz e ligar o interruptor. Inunde a sala de luz. A luz de Deus. Nenhum bicho-papão pendurado aqui! Afinal, Deus e o medo não podem coexistir no mesmo lugar; onde a luz Dele brilha, a escuridão desaparece. Poder, amor e autodisciplina expulsam o medo.

Senhor Deus e Pai, quero que o poder, o amor e a autodisciplina promovam uma vida verdadeiramente livre, que seja preenchida com a Sua luz e O glorifique. Amém.

A bondade e a soberania de Deus

Pois os meus pensamentos não são os pensamentos de vocês, nem os seus caminhos são os meus caminhos. [...] Assim como os céus são mais altos do que a terra, também os meus caminhos são mais altos do que os seus caminhos e os meus pensamentos mais altos do que os seus pensamentos.
(Is 55:8,9 – NVI)

É muito difícil confiarmos em nosso Cuidador quando vivenciamos, ou conhecemos alguém que tenha vivido, perdas devastadoras.

A soberania de Deus, porém, é inatamente misteriosa; Ele tem o direito de ser inexplicável e insondável. É Deus. Mantenho um fragmento deste versículo afixado no meu espelho do banheiro para me lembrar disso: "As coisas encobertas pertencem ao Senhor, ao nosso Deus" (Dt 29:29).

Embora a morte e a perda façam parte do ciclo da vida, o amor do Pai por nós permanece intenso e presente. E onde Ele estiver presente, o medo não poderá existir.

Paizinho amado, nem sempre compreendo os Seus caminhos, pois há muito sofrimento em nosso mundo. Mas o Senhor é soberano e é bom, e vou escolher confiar em Ti. Amém.

A visão de Deus

O Senhor não vê como o homem: o homem vê a aparência, mas o Senhor vê o coração.
(1Sm 16:7 – NVI)

Mesmo quando alcançamos uma compreensão mais ampla, ainda tendemos a julgar com precipitação, baseadas em evidências empíricas. O ser humano é o único que deprecia seu semelhante antes de lhe dar uma chance de provar o que há debaixo da camada externa.

Não nos preocupamos em remover o papel de embrulho antes de decidir se gostamos do conteúdo do pacote.

Felizmente, Deus não pensa assim quando nos olha. Os dons que o Senhor dá a cada uma de nós raramente estão na superfície. Ele tem amorosamente incorporado virtudes como discernimento, bondade e graciosidade em nossa índole.

Pai amado, por favor, dê-me olhos como os Seus, olhos que discernem a índole das pessoas em vez de julgá-las pela aparência. Amém.

Um foco verdadeiro

A beleza é enganosa, e a formosura é passageira;
mas a mulher que teme ao Senhor será elogiada.
(Pv 31:30 – NVI)

Quando nos preocupamos conosco e com nossa aparência, acabamos nos desviando de nosso único e verdadeiro foco: nosso Deus e Salvador, Jesus Cristo, e as pessoas que Ele colocou em nossa vida para serem nosso ministério especial. Nossa paixão é direcionada para dentro, e não para fora. Nosso corpo se torna como um deus para nós. Mas nosso Criador disse algo muito importante sobre isso: "Não terás outros deuses além de mim" (Êx 20:3), o primeiro dos Dez Mandamentos.

Nenhum outro deus. Apenas o único e verdadeiro Deus: Jeová, Javé, o Grande Eu sou.

Senhor Deus e Pai, quero que o Senhor, e somente o Senhor, receba minha adoração. Por favor, chame-me de volta quando eu focar muito em mim e em minha aparência. Amém.

Os padrões de beleza de Deus

A beleza de vocês não deve estar nos enfeites exteriores, como cabelos trançados e joias de ouro ou roupas finas. Pelo contrário, esteja no ser interior, que não perece, beleza demonstrada num espírito dócil e tranquilo, o que é de grande valor para Deus.

(1Pe 3:3,4 – NVI)

Esta é sua terapia para hoje. Repita depois de mim: "Os espelhos são estúpidos!".

E são mesmo. Estúpidos, estúpidos, estúpidos. Espelhos nada sabem. Eles só nos repetem o que lhes contamos para nos dizer. E essa informação se baseia naquilo que os outros insistem que é aceitável ou inaceitável por meio de revistas, TV, comerciais, Internet e cinema. E lembre-se: todos eles estão tentando vender alguma coisa!

Como seríamos chatas sem poder *rir até chorar*! E gentileza enruga? O amor manipula? E uma papadinha sacudindo para nos lembrar da bola de sorvete compartilhado com aquela amiga desolada?

Essa é a beleza pelo padrão de avaliação de Deus.

Senhor Deus e Pai, Seu padrão de beleza é muito superior aos padrões do mundo. Quero ser linda conforme os Seus olhos, e sou muito grata por Seu amor incondicional. Amém.

Um processo linear

Tu criaste o íntimo do meu ser e me teceste no ventre de minha mãe. Eu te louvo porque me fizeste de modo especial e admirável. Tuas obras são maravilhosas. Disso tenho plena certeza.
(Sl 139:13,14 – NVI)

Eu mesma me ver como feia é um tapa na cara do meu Criador, que me fez à Sua imagem. Se sou feia, como fica Ele? A beleza é um processo linear, que ocorre assim:

1. Porque existe a declaração recebida do meu profundo relacionamento com o Pai, sinto-me amada.
2. Porque sei que sou amada, sinto-me valorizada.
3. Porque me baseio na certeza de que sou valorizada, sinto-me bonita.

Sim, é isso mesmo. Mesmo diante do risco de você pensar que sou uma diva cega e arrogante, vou repetir: sinto-me bonita.

Pai amado, quando eu me entristecer com a minha aparência, por favor, ajude-me a lembrar que o Senhor me criou à Sua imagem. Sou amada e linda a Seus olhos, e grata por isso. Amém.

Trace um plano e mantenha-o

Nenhuma disciplina parece ser motivo de alegria no momento, mas sim de tristeza. Mais tarde, porém, produz fruto de justiça e paz para aqueles que por ela foram exercitados.

(Hb 12:11 – NVI)

Você e eu sabemos que, se apenas prometermos vagamente "fazer melhor" com nossa disciplina espiritual diária, como oração e leitura da Bíblia, não o faremos. É muito fácil sermos envolvidas pelo alvoroço e pela confusão da vida cotidiana e perder de vista a perspectiva e nossos objetivos. Acabamos cuidando de todos, menos de nós mesmas.

Claro, é excelente quando prometemos promover mudanças nos planos espiritual e físico: ler a Bíblia todos os dias, orar constantemente (1Ts 5:17), fazer escolhas alimentares mais saudáveis e reduzir a ingestão de alimentos. Mas, se não construirmos um plano e, depois, trabalharmos diligentemente nele, isso não acontecerá. Sem dúvida, precisamos de disciplina.

Senhor Deus e Pai, preciso de muita ajuda para ter disciplina em minha saúde espiritual e física, pois é muito fácil reassumir os hábitos confortáveis. Quero traçar compromissos e mantê-los. E conseguirei com Seu poder. Amém.

Sempre vale a pena

Mas esmurro o meu corpo e faço dele meu escravo,
para que, depois de ter pregado aos outros,
eu mesmo não venha a ser reprovado.
(1Co 9:27 – NVI)

Não adianta apenas jantar e depois se sentar e esperar que tudo aconteça magicamente, não é? Bem, pense sobre isso... Planeje seu cardápio, faça as compras, prepare a comida e depois a coloque no forno. Se assim não o fizer, acabará com o estômago roncando e um prato vazio. O mesmo ocorre com os preparos espiritual e físico.

Nunca disseram que a disciplina é fácil, mas os resultados (músculos espirituais de aço e um bumbum firme em vez de pãezinhos de couve-flor) valem a pena.

Senhor Deus e Pai, ajude-me a entender que a sábia disciplina para uma boa saúde espiritual e física vale sempre a pena, por mais difícil que o percurso pareça. Amém.

De qualquer maneira amada

[...] Oro para que vocês, arraigados e alicerçados em amor, possam, juntamente com todos os santos, compreender a largura, o comprimento, a altura e a profundidade, e conhecer o amor de Cristo que excede todo conhecimento, para que vocês sejam cheios de toda a plenitude de Deus.

(Ef 3:17b-19 – NVI)

Nosso exterior nem sempre reflete nosso interior. Você pode parecer ótima, mas se sentir péssima. Embotocada no exterior, mas enrugada no interior. Não importa ter os dentes alinhados se a atitude estiver distorcida. Não há cura mágica para o descontentamento ou a autoestima defasada. Se a paz de Deus não está no seu coração quando se sente gordinha, também não estará nele quando estiver magra.

No fim das contas, Deus ama os lutadores de sumô tanto quanto as modelos de passarela!

Pai amado, nunca vou entender a situação por completo, mas quero estar ciente de Seu incrível e permanente amor. Não há nada que eu possa fazer ou vir a ser para merecer isto: o Senhor me ama incondicionalmente. Quanta paz e alegria nesse entendimento. Obrigada! Amém.

Beleza permanente

A beleza é enganosa, e a formosura é passageira; mas a mulher que teme ao Senhor será elogiada. Que ela receba a recompensa merecida, e as suas obras sejam elogiadas à porta da cidade.
(Pv 31:30,31 – NVI)

Às vezes é difícil lembrar que cultivar um espírito gentil e sereno importa mais do que "buscar a última moda", como o apóstolo Paulo adverte em 1 Timóteo 2:9,10. Nós que perseguimos a moda tendemos a incorporar a propaganda "imagem é tudo", alimentada por nossa cultura e, de alguma forma, ligamos a aparência física à afirmação do amor-próprio. Como se o nosso amor-próprio dependesse de bons acessórios.

Paulo estava absolutamente certo ao afirmar que nos tornamos belas, de fato, quando fazemos alguma coisa bela para Deus. Independentemente da nossa aparência – o modo como ornamentamos este traje terrestre que nos foi atribuído por um curto período de tempo –, a verdadeira beleza atende a um padrão mais elevado e exaltado do que braceletes ou sobreposições de tule.

Senhor Deus e Pai, quero a beleza verdadeira e permanente, não o tipo superficial e temporário. Por favor, ajude-me a lembrar que a verdadeira beleza resulta em temer e servir ao Senhor. Amém.

Atraente de verdade

[...] não se adornando com tranças, nem ouro, nem pérolas, nem roupas caras, mas com boas obras, como convém a mulheres que professam adorar a Deus.

(1Tm 2:9b,10 – NVI)

Ninguém jamais será mais bonita que Madre Teresa. Ou Corrie ten Boom*. Ou Nellie Poss Rogers (minha avó). Mulheres que nunca usaram colares de diamantes, camisolas de seda ou saltos, mas que irradiavam uma beleza etérea que os acessórios deste mundo não conseguem imitar.

Então, da próxima vez que eu estiver experimentando shorts, em vez de sucumbir ao desespero sem esperança, planejo me debruçar sobre as coisas bonitas que estou fazendo para Deus e deixar a celulite pra lá.

Senhor Deus e Pai, por favor, reduza meu desejo por aquilo que a cultura popular diz ser bonito e ajude-me a desejar o tipo de beleza semelhante àquela das mulheres heroínas da fé, do passado e do presente. Amém.

---

* Cornelia Johanna Arnolda ten Boom, conhecida como Corrie ten Boom (1892-1983) foi uma escritora e resistente holandesa que ajudou a salvar a vida de muitos judeus ao escondê-los dos nazistas durante a Segunda Guerra Mundial. Ten Boom registrou sua autobiografia no livro ***O refúgio secreto***, que posteriormente foi adaptado para o cinema em um filme com o mesmo nome. Em dezembro de 1967, Ten Boom foi honrada com a inclusão de seu nome nos “Justos entre as Nações” pelo Estado de Israel. (N.T.)

A obra-prima Dele

Pois possuíste o meu interior;
entreteceste-me no ventre de minha mãe.
Eu te louvarei, porque de um modo terrível e tão maravilhoso fui formado; maravilhosas são as tuas obras, e a minha alma o sabe muito bem. Os meus ossos não te foram encobertos, quando no oculto fui formado e entretecido como nas profundezas da terra.
(Sl 139:13-15 – AM)

Maquiagem em si não é um problema; Deus quer que nos apresentemos do melhor modo. O verdadeiro problema é nossa dependência do incremento da aparência dada por Deus para aceitação e autoestima, ou por meio de maquiagem, ou por cirurgias plásticas, ou por exigências da moda. Até que ponto estamos dependentes de correções externas para sentir que nos enquadramos? Que somos aceitas? Que somos atraentes? Ele nos criou, todas e cada uma de nós, uma obra-prima, em nosso estado natural, rudes e brutas. E nos ama prodigamente desse jeito.

Pai amado, ajude-me a acreditar de fato que o Senhor me criou bela, de maneira única e maravilhosa. Quero que minha autoestima venha apenas de Ti. Amém.

Autenticamente imitando a Cristo

Hipócritas! Bem profetizou Isaías acerca de vocês, dizendo: "Este povo me honra com os lábios, mas o seu coração está longe de mim. Em vão me adoram; seus ensinamentos não passam de regras ensinadas por homens".

(Mt 15:7-9 – NVI)

Se eu sou séria sobre imitar a Cristo, não deve haver diferença entre minha imagem interior e a exterior. Minha *persona cristã* deve ser real, não apenas alguma coisa para ser exibida.

O assunto – esse enigma da vida dupla – é desconfortável para a maioria dos cristãos. Não gostamos de admitir que sim, bem, talvez às vezes tendemos a nos comportar de modo ostensivo. Uma exposição hipócrita. Gritar com nossa família em casa e depois aparecer na igreja como Laura Bush* mergulhada em Alprazolam. Burlar nossos impostos enquanto ensinamos na escola dominical que roubar é errado. Proclamar a nossos filhos que Jesus quer que amemos o nosso próximo como a nós mesmas e depois berrar idiotices atrás do volante.

---

* Laura Lane Welch Bush é a esposa do 43º presidente dos Estados Unidos, George Walker Bush, e por conseguinte, a 45ª primeira-dama estadunidense, servindo de janeiro de 2001 a janeiro de 2009. O texto faz referência ao fato de Laura ser conhecida nos EUA como "A rainha Xanax", no caso, o Alprazolam. (N.T.)

Senhor Deus e Pai, quero ser uma autêntica serva Sua. Por favor, perdoe-me quando eu estragar tudo isso e ajude-me a fazer melhor, imitando Jesus, por dentro e por fora, todos os dias. Amém.

Não seja hipócrita

Ai de vocês, mestres da lei e fariseus, hipócritas!
Vocês fecham o Reino dos céus diante dos homens!
Vocês mesmos não entram, nem deixam entrar
aqueles que gostariam de fazê-lo.

(Mt 23:13,14 – NVI)

Jesus confrontou a abominável hipocrisia em Mateus 23:13-39. Ele lamentou "Ai de vocês" várias vezes nesse único fragmento, associando-o aos termos "guias cegos", "serpentes" e "raça de víboras". Palavras fortes. Não se engane: o Todo-Poderoso tem vigorosos sentimentos sobre esse assunto.

Então, onde está a nossa desconexão? Será que vivemos vidas duplas porque simplesmente não estamos dispostas a entregar todas as nossas facetas a Deus? Entregar todas as nossas máscaras? Talvez seja uma questão de orgulho. Queremos decidir que máscara usaremos e para quem. Esconder nosso verdadeiro eu vira nossa vergonha secreta e acabamos como hipócritas. Dissimuladas.

Senhor Deus e Pai, quero entregar-Te todas as áreas da minha vida para que meu verdadeiro eu seja autêntico diante de Ti. Amém.

Seu melhor você

[...] Somos criação de Deus realizada em Cristo Jesus para fazermos boas obras, as quais Deus preparou de antemão para que nós as praticássemos.

(Ef 2:10 – NVI)

Não há nada de errado em apresentar o melhor "você" possível. Deus Se alegra quando respeitamos Seu trabalho manual o bastante para exibir nossas unhas mais bonitas.

O problema surge quando nos tornamos consumidas com a manipulação de nossa imagem, visando controlar o que as outras pessoas pensam sobre nós. Controle é a palavra-chave aqui. Lutamos contra o Senhor pelo controle quando estamos obcecadas sobre como parecemos para os outros. Tudo gira em torno de impressionar outros seres humanos fracos como nós, sem expressar com orgulho as pinceladas da obra-prima que o Pai propositalmente criou em nós.

Pai Celestial, por favor, ajude-me a apresentar meu melhor eu e humildemente dar-Lhe a glória, não para impressionar os outros ou para tentar controlar o que pensam sobre mim. Amém.

O que você está procurando?

[...] teu Pai, que vê o que está oculto, te recompensará.
(Mt 6:18b – AM)

Todas nós lutamos para manter nossos olhos no Criador e não nas criaturas (nós mesmas). Na verdade, eu me encolhi quando um homem do meu grupo de estudo bíblico de casais comentou: "Debbie, você parece muito saudável hoje".

Saudável? Não era esse o visual que eu estava procurando. Atraente, adorável, feminina, arrebatadora, até mesmo a cor combinando teria sido bem-vinda. Mas saudável? O trigo rachado não é também saudável?

Então, ao pensar mais sobre tais palavras, percebi que foram realmente um dos melhores elogios que já havia recebido. Saudável é precisamente como o Pai deseja que eu seja notada, sobretudo por homens que não são meu marido.

Pai amado, em um mundo tão egocêntrico, preciso de ajuda para atrair pessoas para Ti, não para mim mesma. O Senhor deve sempre ser a aparência que estou procurando. Por favor, permita que Sua luz brilhe em mim. Amém.

Edifique os outros

Não saia da vossa boca nenhuma palavra que cause destruição, mas somente a que seja útil para a edificação, de acordo com a necessidade, a fim de que comunique graça aos que a ouvem.
(Ef 4:29 – KJA)

O apóstolo Paulo correlaciona a integridade com a "edificação" de outros em Efésios 4:29. A definição de *edificar* refere-se a "aprimorar a moralidade". As palavras de Paulo dizem que devemos nos apresentar aos outros de um jeito que os aprimore – edifique o caráter deles – não apenas por nossa aparência, mas também por nossas falas e ações.

Isso significa que não há pretextos, aparências enganosas ou interpretação de papéis para se edificar aos olhos dos outros. Por quê? Porque nosso foco está neles, não em nós.

Uau, que alívio! É muito mais fácil ser alguém... dentro e fora... para qualquer público... em todos os momentos.

Senhor Deus e Pai, por favor, ajude-me a ser autêntica para todos ao meu redor, independentemente de com quem eu esteja, e permita-me edificá-los e levá-los para mais perto de Ti. Amém.

Deus a vê

Dos céus olha o Senhor e vê toda a humanidade; do seu trono ele observa todos os habitantes da terra; ele, que forma o coração de todos, que conhece tudo o que fazem.

(Sl 33:13-15 – NVI)

Você também já se sentiu invisível? Já se sentiu como se a vida estivesse girando à sua volta, mas você não estivesse incluída? Já se sentiu como se as pessoas olhassem diretamente "através" de você, como se não merecesse a concentração delas?

Quando nos sentimos invisíveis, com frequência, em nome da autopreservação, fingimos que isso não importa. É desse modo que mantemos nossa sanidade e não corremos gritando pela noite. Mas isso importa. É importante para nós e é importante para Deus, que nos criou, sermos significantes.

"Como são preciosos para mim os teus pensamentos, ó Deus! Como é grande a soma deles! Se eu os contasse seriam mais do que os grãos de areia. Se terminasse de contá-los, eu ainda estaria contigo." (Sl 139:17,18)

Senhor Deus e Pai, às vezes sinto como se eu não fosse muito importante, mas Sua Palavra me lembra de que isso não é verdade. Obrigada por me ver, por me amar e por ter bons planos para mim. Amém.

Sem necessidade de rótulos

Deus tornou pecado por nós aquele que não tinha pecado, para que nele nos tornássemos justiça de Deus.
(2Co 5:21 – NVI)

Os rótulos podem nos edificar ou nos destruir. Algumas mulheres usam orgulhosamente uma etiqueta elegante. Outras trabalham duro para que as rotulem como profissionais bem-sucedidas ou mesmo competentes. Outras ainda se tornam conhecidas por suas posições contra o aborto, ou por serem piedosas, ativistas ou conservadoras.

Confiamos nos rótulos para elucidar nossa identidade. Se não temos certeza de quem somos, de fato – ou talvez não gostemos de quem somos –, podemos nos esconder atrás de uma grife que reflete quem desejamos ser.

Mas Deus não acredita em rótulos. Quando convidamos Jesus a entrar em nosso coração e pedimos a Ele que nos preencha com o Seu amor, tudo o que Deus vê ao nos olhar é o reflexo gentil, suave e belo de Seu Filho.

Pai amado, sou muito agradecida pela Salvação e por um relacionamento correto com o Senhor em razão do sacrifício de Jesus pela remissão dos meus pecados. Obrigada, obrigada, obrigada! Amém.

Uma nova e rica identidade

Portanto, se alguém está em Cristo, é nova criação. As coisas antigas já passaram; eis que surgiram coisas novas!

(2Co 5:17 – NVI)

Quando você pede a Jesus que a preencha com Sua presença, conquista uma nova identidade, pura, saudável, sagrada e confiante. Os rótulos antigos se tornam obsoletos. É como inscrever-se intencionalmente no programa de proteção a testemunhas – você recomeça na riqueza de sua identidade em Cristo.

Vamos lá, menina, recomece! É dia completamente novo. Mantenha a cabeça erguida. Você não é mais uma falsa Prada ou Gucci ou Ralph Lauren; é uma coisa real única e deslumbrante! Use com orgulho o rótulo do Mestre Designer!

Senhor Jesus, aceito-O como meu Salvador e quero que me faça nova criatura. Preciso de um novo recomeço, do Seu perdão e de ser livre do meu pecado, como só o Senhor pode fazer. Agora que Te aceitei, minha identidade será sempre encontrada em Ti – isso é muito fantástico e sublime! Amém.

Amada e encantadora

Por isso não desanimamos. Embora exteriormente estejamos a desgastar-nos, interiormente estamos sendo renovados dia após dia.
(2Co 4:16 – NVI)

Os valores de Deus e os do mundo são opostos. Para Ele, importa mais a beleza de dentro para fora – a única coisa de valor eterno. Mesmo assim, todas lutamos para manter nossa atenção focada em Deus, e não em jeans de grife. Especialmente se houver uma liquidação na Macy's*.

A verdadeira beleza vem de dentro para fora, apenas do amor de Deus. Quando finalmente compreendemos o Seu amor extravagante e profundo por nós, dos nossos pés chatos às pontas duplas do cabelo, então o ardor em nosso coração refletirá a beleza que irradia de dentro para fora. Finalmente nos sentiremos lindas.

Somente quando nos sentimos verdadeiramente amadas, somos livres para nos sentir encantadoras.

Pai amado, por favor, preencha-me com Seu amor. Permita que ele seja evidente em mim, a fonte de minha beleza, uma beleza que nunca se deteriorará ou diminuirá. Amém.

---

* Macy's é uma rede de lojas de departamentos fundada (1858) em Nova York, Estados Unidos. A maior delas fica nessa cidade, ocupando um quarteirão inteiro, com onze andares, e é considerada a maior loja do mundo. (N.T.)

Para a glória de Deus

[...] levamos cativo todo pensamento, para torná-lo obediente a Cristo.
(2Co 10:5b – NVI)

É mesmo uma coisa boa aproveitarmos ao máximo nossa aparência; acredito que Deus fica satisfeito quando somos motivadas a ser o melhor que conseguimos para refletir a glória do nosso Criador. No entanto, há um problema no momento em que nossa motivação se metamorfoseia, insipidamente, em nossa própria glória: a glória do ser criado. Então, corremos o risco de virar fashionistas obsessivas. A cobiça se torna um estilo de vida. A inveja se inflama. A ganância floresce. O estresse dispara.

Nosso foco de dentro para fora se inverte para de fora para dentro; perdemos de vista nosso objetivo ascendente e caímos em uma espiral descendente.

Mas, irmã, crie coragem! É possível alcançar um equilíbrio espiritualmente saudável. Bastam apenas convicção e esforço – como ocorre com qualquer coisa que valha a pena. Laçar e encurralar nosso anseio nocivo é uma parte importante do amadurecimento espiritual.

Pai Celestial, não fazer as coisas para minha própria glória implica uma luta diária. Por favor, ajuda-me para que minhas atitudes e ações gerem louvores a Ti, e somente a Ti. Amém.

Uma espátula bem necessária

Finalmente, irmãos, tudo o que for verdadeiro, tudo o que for nobre, tudo o que for correto, tudo o que for puro, tudo o que for amável, tudo o que for de boa fama, se houver algo de excelente ou digno de louvor, pensem nessas coisas.
(Fp 4:8 – NVI)

Aprisionar pensamentos gananciosos não acontece de uma só vez. É um processo muito parecido com o utilizado pela confeiteira que observei em uma pitoresca loja de chocolates durante as férias na montanha. A habilidosa artesã trabalhava constantemente com o espessante chocolate até que estivesse pronto para ser moldado na forma final.

Nossos pensamentos são como aquele chocolate sem forma. Se sozinhos, eles se espalhariam por toda parte, gotejando pelas beiradas dos parâmetros de Deus até virarem uma horrível bagunça inútil no chão. Mas, com uma espátula de orientação consistente e disciplina, poderemos recolher nossos pensamentos nocivos e transformá-los em algo valioso, benéfico e delicioso.

Pai querido, o Senhor conhece meus pensamentos e sabe que preciso de ajuda para controlá-los. Quero que eles Lhe agradem, e também desejo remover de minha mente qualquer coisa que O entristeça. Amém.

Pronta para lutar

Vigiem e orem para que não caiam em tentação.
O espírito está pronto, mas a carne é fraca.
(Mt 26:41 – NVI)

A tentação nos prende em suas garras como um gigantesco pterodátilo se aproximando, arrancando-nos de nossos ninhos seguros e aconchegantes e voando para longe conosco. Mas não precisamos sucumbir impotentes. Podemos lutar!

Minha maneira infalível de escapar de um ataque de tentação é manter listas de orações em minha bolsa e também no carro para que, quando tais garras começarem a perfurar minha pele sobre aquele vestido sedutor ou sobre um chapéu fofinho, eu esteja preparada. Pego minha lista de orações e concentro-me nas necessidades dos outros. O foco desloca meus desejos mesquinhos para aqueles em que anseio ser completamente de Cristo. O perverso *pterodátilo* me liberta. Funciona sempre!

Paizinho, a tentação é uma força intensa, mas Sua Palavra é mais forte. Por favor, ajude-me a evitar o pecado e, quando eu o experimentar, por favor, ajude-me a estar pronta para lutar contra ele e vencê-lo! Amém.

O melhor conselho de beleza

Que o Deus da esperança os encha de toda alegria e paz, por sua confiança nele, para que vocês transbordem de esperança, pelo poder do Espírito Santo.
(Rm 15:13 – NVI)

Preencha sua mente com a oração, e seu espírito será fortalecido. Essa é a verdadeira beleza que brilha de dentro para fora! Em *Beauty by the Book**, a escritora e celebridade da TV Nancy Stafford coloca isso muito bem: "O melhor conselho de beleza não se refere aos últimos produtos de beleza e não tem nada a ver com qualquer coisa que se compre ou aplique. Ele tem a ver com a luminosidade interior que vem do cuidado com o espírito e das experiências cheias de alegria".

Então, quando aquela bela fera tentar arrancar um pedaço de sua pele, ou empalá-la com garras afiadas, esteja preparada. Chute-a nos dentes (com a ponta das botas) e despache-a ganindo.

Pai amado, quando estou me comparando com o que a cultura afirma ser belo, por favor, lembra-me de que nada é mais atraente do que um espírito pacífico e um sorriso jubiloso que vêm de Ti. Amém.

* "Beleza à luz da Bíblia" (tradução livre). (N.E.)

Discernimento do desejo

Trata com bondade o teu servo, Senhor,
conforme a tua promessa.
Ensina-me o bom senso e o conhecimento,
pois confio em teus mandamentos.
(Sl 119:65,66 – NVI)

O discernimento espiritual é de extrema importância para os seguidores de Cristo. Tão importante que a Bíblia diz que devemos desejá-lo. Ansiar por ele. Orar para que se intensifique.

O que significa exatamente discernimento espiritual? É a capacidade de analisar, compreender e julgar a partir de uma sábia perspectiva, o que é e o que não é de Deus. Porque o Senhor sabe como ficamos confusas quando inundadas com coisas que não são de Deus no decorrer de nossos dias, Ele enviou um Ajudante – o Espírito Santo – para que sejamos capazes de perceber a diferença.

Senhor Deus e Pai, hoje, com tantos pontos de vista diferentes sobre o significado de sua Palavra, preciso desesperadamente do discernimento que vem somente do Senhor. Ajude-me a ouvir a Sua voz, fazer Sua vontade e compartilhar Seu amor. Amém.

O sobrenatural Google

O Espírito sonda todas as coisas,
até mesmo as coisas mais profundas de Deus.
(1Co 2:10 – NVI)

A palavra grega *apokálypsis* (da qual se deriva apocalipse), que significa "revelação" ou "ação de descobrir", é usada nesta passagem para descrever como o Espírito Santo nos capacita para o discernimento.

Ele revela. Expõe mentiras. E, quando a mentira mundana mascarada de verdade de Deus é descoberta, sua nudez se torna de fato hedionda.

No vernáculo moderno, o Espírito Santo é o nosso mecanismo de busca espiritual. Nosso Google sobrenatural. Porque nosso próprio julgamento diluído no mundo não é totalmente confiável, precisamos explorar Seu vasto banco de dados de verdade *versus* mentiras, espertas a fim de praticar um bom discernimento espiritual.

Pai amado, não quero que a Internet seja minha escolha para responder a qualquer tipo de pergunta; quero que o Seu Espírito me dê respostas e me guie ao longo da vida. Amém.

Seja seletiva

Esta é a minha oração: que o amor de vocês aumente cada vez mais em conhecimento e em toda a percepção, para discernirem o que é melhor, a fim de serem puros e irrepreensíveis até o dia de Cristo, cheios do fruto da justiça, fruto que vem por meio de Jesus Cristo, para glória e louvor de Deus.

(Fp 1:9-11 – NVI)

Deus quer que sejamos seletivas em muitos aspectos: o que fazemos, para onde vamos, a quem nos apegamos, com o que alimentamos nossos olhos, ouvidos e mentes, e até mesmo (estremeçamos!) com o que colocamos na boca. Bom discernimento é crucial; as escolhas que fazemos hoje afetarão todos os nossos amanhãs.

Mas é animador saber que não estamos sozinhas. Temos o Espírito Santo como nosso Ajudante. Charles Spurgeon* disse: "Discernimento não é a capacidade de diferenciar o certo do errado. Discernimento é o conhecimento de saber a diferença entre aquilo que é certo daquilo que é quase certo".

Senhor Deus e Pai, preciso ser extremamente seletiva em um mundo egoísta e pecaminoso. Tantas coisas poderiam me afastar de Ti! Por favor, oferece-me sabedoria e discernimento para fazer boas escolhas e ficar perto de Ti. Amém.

---

* Charles H. Spurgeon (1834-1892) foi um pregador batista calvinista britânico. Desde o início do ministério, seu talento para a exposição dos textos bíblicos foi considerado extraordinário. Sua excelência na pregação das Escrituras bíblicas lhe renderam o título de O Príncipe dos Pregadores e O Último dos Puritanos. (N.T.)

Apenas não reduza isto

Venham a mim, todos os que estão cansados e sobrecarregados, e eu lhes darei descanso. Tomem sobre vocês o meu jugo e aprendam de mim, pois sou manso e humilde de coração, e vocês encontrarão descanso para as suas almas. Pois o meu jugo é suave e o meu fardo é leve.
(Mt 11:28-30 – NVI)

A tentação de renunciar ao nosso tempo diário de Deus é forte nestes dias, mas, quanto mais ocupadas estamos, mais precisamos da paz interior que só Ele pode dar.

Acredito que todas nós chegamos a um ponto em que quinze minutos de reflexão pela manhã simplesmente não reduzem nossa vida. Perdemos contato com nosso primeiro amor: Cristo. Estamos exaustas fisicamente, esgotadas emocionalmente e ressecadas espiritualmente. Precisamos de um tempo prolongado de renovação em todos os sentidos da palavra.

Paizinho amado, anseio por um longo retiro com o Senhor para renovar e revigorar nosso relacionamento. Por favor, ajude-me a encontrar esse tempo. Amém.

Longe do alvoroço

"Com quem vocês me compararão? Quem se assemelha a mim?", pergunta o Santo. Ergam os olhos e olhem para as alturas. Quem criou tudo isso? Aquele que põe em marcha cada estrela do seu exército celestial, e a todas chama pelo nome. Tão grande é o seu poder e tão imensa a sua força, que nenhuma delas deixa de comparecer!

(Is 40:25,26 – NVI)

Nas escrituras, há numerosos exemplos de Jesus esgueirando-se para a oração e a renovação; alguns de Seus lugares favoritos de refúgio eram as montanhas (Mc 6:46) e a beira-mar ou lago (Mt 13:1). Acredito que isso ocorria porque Ele sabia que a criação pura e desprovida de máculas de nosso Pai – longe do alvoroço da vida cotidiana – é o ambiente mais propício para comungar com o coração do Criador.

Senhor Deus e Pai, Seu poder e Sua glória evidenciam-se na silenciosa majestade de Sua criação. Por favor, ajude-me a fugir do estresse da vida e a comungar com o Senhor. Amém.

Os buracos da vida

[...] aquele que está em vocês é maior do que aquele que está no mundo.
(1Jo 4:4 – NVI)

Há momentos em nossa vida em que nos sentimos como se tivéssemos sido tragadas por um buraco. Alguma coisa sacode nosso mundo, e o chão sob nossos pés desaba. Nosso senso de normalidade é interrompido e nosso alicerce de segurança se fende, e então olhamos, do fundo de um poço profundo, para a vida que conhecíamos.

Precisamos depender de algo – ou de Alguém – maior e mais poderoso que nós mesmas par nos retirar de tal situação. De fato, quanto mais independentes nos tornamos, mais provável é que permaneçamos teimosamente chafurdando em nossos buracos.

Senhor Deus e Pai, quando me vejo imobilizada e desamparada, mais encontro um motivo para depender de Ti. Por favor, fortaleça-me e levante-me como só o Senhor pode fazer. Amém.

Sempre perto

Alegrem-se sempre no Senhor. Novamente direi: alegrem-se! Seja a amabilidade de vocês conhecida por todos. Perto está o Senhor. Não andem ansiosos por coisa alguma, mas em tudo, pela oração e súplicas, e com ação de graças, apresentem seus pedidos a Deus.

(Fp 4:4-6 – NVI)

Quando criança, eu costumava ter pesadelos terríveis. Acordava no meio da noite, apavorada e suada. Em pânico, gritava por meu pai, que eu sabia estar no cômodo ao lado. Depois de segundos, papai chegava, acariciando minhas costas, sussurrando palavras suaves de conforto e acalmando-me até que eu voltasse ao repouso tranquilo.

Em Filipenses 4:5, a Bíblia nos lembra que "Perto está o Senhor". Ainda mais perto do que um pai terrestre amoroso, nosso Pai celestial está de prontidão para nos consolar, confortar e tranquilizar.

Pai amado, o Senhor está sempre perto. Sou eu que às vezes crio distância entre nós. Por favor, perdoe meus pecados e me aproxime de Ti. Amém.

O sobrenatural Sr. Limpeza

Mas ele [o Senhor] me disse: "Minha graça é suficiente para você, pois o meu poder se aperfeiçoa na fraqueza". Portanto, eu me gloriarei ainda mais alegremente em minhas fraquezas, para que o poder de Cristo repouse em mim. Por isso, por amor de Cristo, regozijo-me nas fraquezas, nos insultos, nas necessidades, nas perseguições, nas angústias. Pois, quando sou fraco é que sou forte.

(2Co 12:9,10 – NVI)

A intervenção divina de Deus é mais óbvia quando sou incapaz de funcionar normalmente. O que acontece na maior parte do tempo. Ele então recebe todo o crédito por ser Deus. Por fazer uma incrível diferença.

As mulheres certamente entendem este princípio; sabemos que uma camiseta encardida de algodão se transforma totalmente quando lavada e passada a ferro. Nenhum piso de cozinha é mais limpo do que aquele previamente coberto de pegadas enlameadas! Nenhuma perna parece mais lisa do que as que acabaram de ser depiladas depois de duas semanas de negligência.

A mesma coisa acontece quando são insuficientes nossos esforços para limpar as manchas incorporadas em nosso caráter. Simplesmente não conseguimos esfregar com tanta força. Somente nosso sobrenatural Sr. Limpeza consegue.

Senhor Deus e Pai, minhas fraquezas realçam Sua força e Seu poder e me fazem depender de Ti. Ajude-me a não odiar minhas imperfeições, mas a louvá-Lo por elas. Amém.

A perspectiva do mascote

Vejam como é grande o amor que o Pai nos concedeu: que fôssemos chamados filhos de Deus, o que de fato somos.
(1Jo 3:1 – NVI)

Se ao menos pudéssemos nos ver por meio da perspectiva de um mascote... Imagine-se saindo da cama pela manhã. Você está mal-humorada, desarrumada, cabelo amassado da cama, hálito de dragão e sem maquiagem. Mas o que seu precioso cãozinho faz quando a vê? Ele se sacode todo em um estado de frenesi. Repleto de baba, devoção e amor incondicionais. Por você. Aos olhos do animalzinho, você é a pessoa mais bonita do mundo. Seu bichinho a ama; ele vê em você o verdadeiro cerne de sua essência, não o que possui ou o que parece.

Precisamos começar a nos ver como um mascote: inteiramente amáveis. Deus com certeza nos vê assim.

Senhor Deus e Pai, com o Senhor, nunca preciso fingir ser algo que não sou. O Senhor me conhece e me ama muito mais do que qualquer um no mundo. Por favor, encha-me de confiança em Seu grande amor por mim. Amém.

Ninguém é perfeito

[...] não temos um sumo sacerdote que não possa compadecer-se das nossas fraquezas, mas sim alguém que, como nós, passou por todo tipo de tentação, porém, sem pecado. Assim sendo, aproximemo-nos do trono da graça com toda a confiança, a fim de recebermos misericórdia e encontrarmos graça que nos ajude no momento da necessidade.

(Hb 4:15,16 – NVI)

Ninguém é perfeito. As imperfeições sempre estarão conosco. Mas isso não significa que não somos atraentes por nós mesmas e que não devemos manter nossa cabeça erguida e compartilhar nossos talentos e nossas habilidades.

Não quero ser subornada por medo da inadequação ou pelos padrões de valor da sociedade. Você? De jeito nenhum! Preferimos ser "dotadas de alma" para o Mestre Criador que nos fez à Sua imagem e nos valoriza.

Senhor Deus e Pai, não sou perfeita, e não tem problema nisso, porque o Senhor o é! E apesar das minhas imperfeições, o Senhor me deu talentos e habilidades incríveis para compartilhar com os outros. Obrigada por me entender e cuidar de mim. Amém.

Graça sobrenatural

[...] você, meu filho, fortifique-se na graça que há em Cristo Jesus.

(2Tm 2:1 – NVI)

Todas nós erramos – alguns erros são conscientes, outros não. Às vezes, inadvertidamente machucamos as pessoas. Desapontamo-las, espezinhamos sentimentos, não correspondemos às expectativas. Mas isso não apenas por negligência ou um comportamento ruim. Não se engane, irmã, a culpada é uma batalha espiritual.

Muitas de nós somos espiritualmente esquizofrênicas, como diz o apóstolo Paulo em Romanos 7:15 (AM): "Porque o que faço, não o aprovo, pois o que quero, isso não faço; mas o que aborreço, isso faço".

E então a culpa se deposita sobre nós como um cimento úmido. Mesmo quando pedimos perdão, às vezes as travas da culpabilidade não se acoplam, e a autoperseguição continua a todo vapor. Nessas situações, precisamos permitir a Deus que substitua as engrenagens e, com Sua graça sobrenatural, paralise a aceleração de nosso motor de autocondenação.

Senhor Deus e Pai, estou exausta por permitir que a culpa me controle. Por favor, cancele as engrenagens da minha culpa com Sua maravilhosa graça. Amém.

Como porcos no lamaçal

Pois como os céus se elevam acima da terra, assim é grande o seu amor para com os que o temem; e como o Oriente está longe do Ocidente, assim ele afasta para longe de nós as nossas transgressões.

(Sl 103:11,12 – NVI)

Não nos favorecemos rolando como porquinhos no lamaçal da culpa por nossos erros. Permanecermos no chiqueiro não é o propósito de Deus para nós. Uma vez que pedimos perdão pelos nossos erros, Ele quer nos transformar de leitões imundos em águias majestosas, para que assim voemos bem acima dos desagradáveis buracos de lama, nossas asas apoiadas no próprio sopro Dele.

É apenas uma tolice absoluta recusar as asas e manter nossos focinhos imersos em lama.

Senhor Deus e Pai, por favor me lembre até onde o Senhor remove meus pecados. Não quero chafurdar neles como lama quando, em vez disso, poderia deliciar-me em Sua graça amorosa. Amém.

Anotações especiais da graça

Os céus declaram a glória de Deus; o firmamento proclama a obra das suas mãos. Um dia fala disso a outro dia; uma noite o revela a outra noite.

(Sl 19:1,2 – NVI)

Não sei se você é como eu, mas, em geral, eu me concentro tanto em minha agenda, que acabo deixando passar algumas coisas que acontecem ao meu redor. Algumas vezes, porém, a natureza me pega de surpresa e me faz descobrir alguma coisa que nunca havia percebido, embora a tenha encontrado um milhão de vezes. Nesses momentos eu enxergo com o meu coração... antes que meu eu pragmático me convença disso.

O requintado talento artístico de uma teia de aranha brilhando no orvalho, os enevoados raios de sol ao amanhecer alcançando a terra como os dedos do Todo-Poderoso, as artimanhas engraçadas de um cachorrinho rechonchudo – todas essas coisas derramam uma beleza refrescante em nosso coração sedento e trazem um momento de suave descanso para nossa alma cansada. São anotações especiais da graça de Deus, nosso Pai. Ralph Waldo Emerson* disse: "Nunca perca a oportunidade de ver algo bonito, pois a beleza é a letra de Deus".

Senhor Deus e Pai, por favor, ajude-me a não ficar tão encerrada em mim mesma e na minha

* Ralph Waldo Emerson (1803-1882) foi um famoso escritor, filósofo, poeta estadunidense e ministro religioso. (N.T.)

agenda, pois sinto falta do Seu jeito bonito de falar comigo todos os dias. Amém.

Vitaminas espirituais

Não deixe de falar as palavras deste Livro da Lei e de meditar nelas de dia e de noite, para que você cumpra fielmente tudo o que nele está escrito. Só então os seus caminhos prosperarão e você será bem-sucedido.
(Js 1:8 – NVI)

Um excelente incentivador espiritual implica meditar sobre um simples texto da Bíblia por dia. Para começar, um bom versículo é Colossenses 2:10: "Assim como, em Cristo, estais aperfeiçoados". Anote um versículo, leve-o consigo e repita-o para si mesma ao longo do dia, considerando todas as implicações e os possíveis significados. No final do mês, terá estudado trinta escrituras diferentes e ficará encantada com o fato de a Palavra ter se tornado pessoal.*

Outras vitaminas espirituais efetivas incluem a leitura de livros baseados na fé, a escuta de músicas edificantes e a reunião com amigos cristãos.

Senhor Deus e Pai, muito mais importante do que vitaminas para minha saúde física são "vitaminas" para minha saúde espiritual. Por favor, ajude-me a ter o hábito de querer doses diárias do Senhor e de Sua palavra. Amém.

---

* Dica a autora: este livro que segura agora está repleto de versículos curtos e consistentes que pode usar!

Pare de resistir

Parem de lutar! Saibam que eu sou Deus!
(Sl 46:10 – NVI)

Muitas vezes estou ocupada demais para permitir que meu Pai celestial me aninhe em Seu colo. Os braços Dele estão bem abertos, mas preencho meu dia com verificação de e-mails, compras, trabalho, limpeza, cozinha – o tempo todo correndo para um rápido gesto de cumprimento ou para um beijinho na bochecha em meio a uma oração devocional antes de deixá-Lo parado lá enquanto retorno sozinha para a vida.

E, finalmente, agindo com minhas próprias forças, meu gás acaba. Talvez Deus queira mesmo que eu fique sem energia para que mergulhe em Seu colo e não lute contra a rejuvenescência que Ele deseja me dar. Que tipo de mulher maluca realmente resistiria a descansar nos braços Daquele que mais a ama no mundo?

Paizinho amado, sei que deseja amar-me e confortar-me, e eu muitas vezes ignoro como preciso disso. Por favor, ajude-me a escolher parar e relaxar no descanso e na assistência que só o Senhor pode dar. Amém.

Um fosso de amor

[Deus] nos consola em todas as nossas tribulações, para que, com a consolação que recebemos de Deus, possamos consolar os que estão passando por tribulações.
(2Co 1:4 – NVI)

Oi, você está em seu buraco? Chafurdando ou escalando-o? Deteriorando-se ou buscando uma trilha para sair dele?

Quando estiver farta de se agarrar, usando suas próprias unhas, àqueles muros íngremes, apenas abandone os esforços. Estique os braços e peça a Alguém que a arraste para cima com mãos fortes. Ele fará isso, você sabe: não precisa agir sozinha.

Filipenses 4:5 nos lembra que "perto está o Senhor" (NVI). Ainda mais perto do que um amoroso pai terrestre, nosso Pai celestial está à disposição para nos acalmar, confortar e encorajar. E nos tirar de nossos buracos solitários.

Senhor Deus e Pai, obrigada por Seu fantástico amor, ainda maior do que o meus pais terrestres sentem por mim. Ajude-me a lembrar que nunca estou sozinha, mesmo quando a vida fica assustadora e difícil. Amém.

A secretária eletrônica de Deus

Esta é a confiança que temos ao nos aproximarmos de Deus: se pedirmos alguma coisa de acordo com a sua vontade, ele nos ouve. E se sabemos que ele nos ouve em tudo o que pedimos, sabemos que temos o que dele pedimos.

(1Jo 5:14,15 – NVI)

Johan van der Dong* criou a Linha direta de Deus, que informava ao interlocutor: "Este é o telefone de Deus. No momento, não posso lhe atender, mas, por favor, deixe uma mensagem".

Também deixamos mensagens na secretária eletrônica de Deus, não é? Quando temos alguma coisa a dizer, é fácil pegar a linha direta celestial e extravasar, mas de alguma forma é muito mais difícil esperar uma resposta. Será que, no fundo, tememos que Deus não responda? Que Ele nos coloque indefinidamente em espera e acabe se esquecendo de nós? Talvez pensemos que Ele está muito ocupado resolvendo a fome no mundo e impedindo que as guerras se alonguem muito tempo. Ou talvez não nos sintamos dignas de Sua atenção. Mas não poderíamos estar mais erradas.

---

* Johan van der Dong (Groningen, 1962) é um artista holandês. A Linha direta de Deus, ou Discagem Direta para Deus, com o número 06-44244901 (0031-6-44244901 para quem discar de fora da Holanda), foi criada por ele em 2009 com o propósito de funcionar por seis meses. (N.T.)

Senhor Deus e Pai, Sua Palavra diz que o Senhor ouve e responde a qualquer coisa que pedirmos de acordo com a Sua vontade. Obrigada! Por favor, ajude-me a conhecer e a seguir Sua vontade mais de perto. Amém.

Nunca pare de orar

Alegrem-se na esperança, sejam pacientes na tribulação, perseverem na oração.
(Rm 12:12 – NVI)

As Escrituras oferecem muitas razões pelas quais devemos orar: aumentar nossa sabedoria e compreensão (Ef 1:17,18), glorificar a Deus e fortalecer a nós mesmas e a outros fiéis (2Ts 1:11,12) e compartilhar nossa fé (Fm 1:6). A Bíblia até mesmo recomenda onde e quando devemos orar:

- De dia ou à noite (Sl 42:8)
- Continuamente (1Ts 5:17)
- Em meio a problemas (Jn 2:1)
- Em particular (Mt 6:6; Lc 5:16)
- Longe de casa, para evitar distrações, de preferência um lugar cercado pela criação de Deus, como o mar ou o topo de uma montanha (Lc 22:39-41; Mc 6:46).

Senhor Deus e Pai, nunca há um momento ou um motivo que justifique não estar orando. Ajude-me a perceber que posso e devo estar em constante diálogo com o Senhor. Amém.

Um sussurro suave e tranquilo

Então o SENHOR passou por ali e mandou um vento muito forte, que fendeu os morros e partiu as rochas em pedaços. Contudo, Yahweh não estava no vento. Quando o vento arrefeceu e parou de soprar, ocorreu um forte terremoto; porém o SENHOR não estava no tremor das terras. Em seguida ao terremoto, caiu um fogo, mas o SENHOR também não estava no fogo. E depois do fogo veio um sussurro de brisa suave e tranquila.
(1Rs 19:11,12 – KJA)

Deus deu ao profeta Elias uma memorável e objetiva aula sobre a oração. Enquanto escapava da perversa rainha Jezabel, Elias foi exposto a algumas das mais poderosas forças da natureza: vendavais, um terremoto e, finalmente, um incêndio monstruoso.

No entanto, a presença do Senhor não estava em nenhuma dessas coisas. Não. Louco demais. Muito barulhento. Muito opressivo. Para surpresa de Elias, Deus estava no sussurro de brisa suave e delicada que veio apenas no silêncio após as tempestades. Sem dúvida, ele precisou se esforçar para ouvi-Lo depois de toda aquela confusão.

Isso soa como sua vida hoje? Quantas vezes nós, como Jacó no Antigo Testamento, seguimos nossa rotina diária e de repente percebemos: "Sem dúvida o Senhor está neste lugar, mas eu não sabia!" (Gn 28:16)?

Senhor Deus e Pai, por favor, ajude-me a ficar calma e a ouvi-Lo. Amém.

Conexão criativa

Mas Jesus retirava-se para lugares solitários, e orava.

(Lc 5:16 – NVI)

Jesus é nosso melhor exemplo da importância – sobretudo em meio a nossos horários caóticos – de encontrar um lugar tranquilo para ouvir a voz do Pai. Cristo com frequência se afastava do clamor das multidões a fim de encontrar um lugar isolado para orar, desprovido de distrações.

Um dos meus lugares favoritos para comungar com o Senhor é meu carro. Chamo-o de catedral ambulante. A lista de orações no porta-luvas e a música de louvor repicando do teto me mantêm espiritualmente edificada enquanto meus olhos estão ligados à terra. E esse momento, quando estou distante do ruído e da confusão do dia a dia, é bom para escutar – escutar de verdade – aquela voz suave e tranquila.

Pai querido, por favor, ajude-me a ser criativa em encontrar momentos de silêncio para me conectar com o Senhor. Amém.

Saia de fininho e ore

[...] submetam-se a Deus. Resistam ao diabo, e ele fugirá de vocês. Aproximem-se de Deus, e ele se aproximará de vocês!
(Tg 4:7,8 – NVI)

Quando meus filhos eram pequenos, meu "closet de oração" era literalmente apenas isso. Trancava-me ali enquanto as crianças balançavam os dedos por baixo da porta. "Xô!", eu dizia, "Este é o momento especial da mamãe com Deus". Bíblia na mão, aconchegava-me ao lado dos meus sapatos e sentia meu espírito rejuvenescer naqueles dez preciosos minutos ali sozinha com o Amante de minha alma. Hoje me esgueiro para uma rede isolada no quintal ou faço uma caminhada orando. Se estou me sentindo esgotada, vou sair de fininho em busca de um refúgio.

Qual é seu lugar favorito para onde sair de fininho e orar?

Senhor Deus e Pai, quero que nos aproximemos um do outro em momentos regulares e ininterruptos. Por favor, ajude-me a me disciplinar para esculpir esses momentos. Amém.

Como orar

Vocês, orem assim: "Pai nosso, que estás nos céus! Santificado seja o teu nome. Venha o teu Reino; seja feita a tua vontade, assim na terra como no céu. Dá-nos hoje o nosso pão de cada dia. Perdoa as nossas dívidas, assim como perdoamos aos nossos devedores. E não nos deixes cair em tentação, mas livra-nos do mal".

(Mt 6:9-13 – NVI)

Algumas pessoas, especialmente novos convertidos, sentem-se desconfortáveis orando porque não têm certeza de como se aproximar do onipotente Criador de todas as coisas. E se você não está acostumada a isso, talvez se sinta intimidada em abrir seu coração para Alguém que não vê (embora nós, mulheres, pareçamos não ter problema com isso em um telefone!).

Então, como devemos orar? Nosso exemplo, a Oração do Pai-Nosso, foi dado por Jesus em Mateus 6:9-13 e Lucas 11:2-4.

Senhor Deus e Pai, por favor, ajude-me a não ser intimidada ao me aproximar de Ti em oração. O Senhor me conhece e me ama mais do que todos. Ajude-me a aprender a orar a partir de Sua palavra. Amém.

O melhor tipo de fruto

Vocês os reconhecerão por seus frutos.
Pode alguém colher uvas de um espinheiro ou figos de ervas daninhas? Semelhantemente, toda árvore boa dá frutos bons, mas a árvore ruim dá frutos ruins.
(Mt 7:16,17 – NVI)

Em Gálatas 5:22,23 a Bíblia diz: "Mas o fruto do Espírito é amor, alegria, paz, paciência, amabilidade, bondade, fidelidade, mansidão e domínio próprio. Contra essas coisas não há lei". Acho interessante que as primeiras quatro frutas sejam interiores, o resultado da presença do Espírito Santo modificando nossas atitudes. Como roupas íntimas sagradas, elas nos protegem onde importa e nos sustentam desde a base. As últimas cinco são exteriores; a prova visível de que o Espírito de Deus dentro de nós é vibrante e próspero.

Senhor Deus e Pai, quero que as pessoas me conheçam pelos meus frutos, dos que vêm do Seu Espírito Santo. Por favor, ajude que o amor, a alegria, a paz, a paciência, a amabilidade, a bondade, a fidelidade, a mansidão e o domínio próprio cresçam abundantemente em minha vida. Amém.

Alegria do Senhor = força

E Neemias acrescentou: "Podem sair, e comam e bebam do melhor que tiverem, e repartam com os que nada têm preparado. Este dia é consagrado ao nosso Senhor. Não se entristeçam, porque a alegria do Senhor os fortalecerá".

(Nm 8:10 – NVI)

Algum tempo atrás, decidi de modo consciente ser alguém que busca a alegria, independentemente das circunstâncias. Não foi fácil, mas, percebi que a alegria é um compromisso que assumimos, ainda mais importante do que aqueles relacionados à escolha de um parceiro de casamento, ou do partido político, ou da profissão ou da igreja. A alegria não é apenas uma emoção, mas um estilo de vida. Não é uma reação, mas uma transação. Isso está subscrito na linha pontilhada em que acreditamos:

Segurança não é nosso deus. Boa saúde não é nosso deus. Felicidade não é o nosso deus. Deus é o nosso Deus. E Ele promete que Sua alegria é nossa própria força (Nm 8:10).

Senhor Deus e Pai, quero procurar e escolher a alegria que vem de Ti em toda e qualquer circunstância. O Senhor é meu Deus e minha fortaleza. Amém.

A alegria é o trunfo da felicidade

Conservai permanentemente a vossa alegria!
(1Ts 5:16 – KJA)

Esteja sempre alegre – como isso é possível? Devemos apenas inocentemente virar as costas a todas as coisas ruins que acontecem? Desligarmo-nos das cobranças de contas? Ignorar o nódulo na mama? Evitar aconselhamento matrimonial quando nossa casa virou um cemitério de diálogo? Claro que não.

O problema é que com frequência confundimos felicidade com alegria. A felicidade está diretamente relacionada à nossa situação externa: ei, há dinheiro suficiente no banco para pagar as contas deste mês! Essas calças estão mesmo mais folgadas? Viva!

Entretanto, a alegria vem de um nível mais profundo, do tipo de-bem-com-minha-alma. O lugar do-fundo-do-meu-coração no qual confiamos no Senhor o bastante para não apenas acreditar, mas de fato nos comportar cientes de que Ele é soberano e qualquer coisa que aconteça conosco faz parte de Seu plano.

Senhor Deus e Pai, a verdadeira alegria que vem de Ti supera totalmente a felicidade. Por favor, preencha-me com Sua alegria e ajude-me a compartilhá-la com os outros. Amém.

Alegria sobrenatural

Tu me farás conhecer a vereda da vida, a alegria plena da tua presença, eterno prazer à tua direita.

(Sl 16:11 – NVI)

Meu pastor, Mark Saunders, diz: “A felicidade, às vezes, não vem no pacote de Cristo, mas a alegria sempre vem”.

Precisamos apenas arrancar o papel e desembrulhar o pacote.

Desfrutar da alegria nos momentos difíceis não tem explicação – é algo puramente sobrenatural, um dos incríveis mistérios de nossa fé. Mas atesto que é verdade: quando pedimos sinceramente ao Espírito Santo que nos encha com a alegria do Senhor e nos comprometemos a nos focar nessa alegria, Ele fará isso. E repentina, surpreendente, milagrosamente estamos transbordando com Seu aconchego, Seu amor e Sua esperança.

Senhor Deus e Pai, o Senhor não me promete felicidade, que se baseia na realidade. O Senhor me promete alegria que supera a realidade de um modo sobrenatural. Isso é fantástico, e eu Lhe agradeço e O louvo! Amém.

Calma na tempestade

Então, Ele se levantou, repreendeu o vento e ordenou ao mar: "Aquieta-te! Silencia-te!" E logo o vento serenou, e houve completa bonança.
(Mc 4:39 – KJA)

"Aquieta-te! Silencia-te!" Uau. Poucas e simples palavras acalmaram o vento, silenciaram a tempestade e trouxeram paz aos que estavam na turbulência. Apenas o que esperamos que Jesus faça com as tempestades em nossa vida. Não mais com náuseas sobre as amuradas, não mais se debatendo enquanto forças sobre as quais você não tem controle a arremessam de um lado para outro.

Ei, você percebeu onde Jesus estava no pior da tempestade? Na popa, dormindo com a cabeça sobre um travesseiro. Isso lhe soa como alguém em pânico em uma situação horrenda?

De maneira alguma. Soa como alguém que conhecia o resultado da tempestade desde o começo. Alguém em completa paz com Deus e Consigo, independentemente de Sua realidade. Alguém a quem aspiro imitar.

Senhor Deus e Pai, não preciso entrar em pânico nas tempestades da vida, porque o Senhor é sempre mais poderoso e me dá uma paz sobrenatural. Ainda assim, é difícil manter a calma. Por favor, ajude-me. Amém.

Calma em nosso coração

O próprio Senhor da paz lhes dê a paz em todo o tempo e de todas as formas. O Senhor seja com todos vocês.

(2Ts 3:16 – NVI)

Jesus nem sempre reprime as tempestades de nossa vida, não é? Às vezes temos de viver a força do vento e das ondas antes de apreciarmos a paz que Ele traz. E talvez não seja a paz externa; é possível que a realidade externa a nós continue se movendo poderosamente ao nosso redor, e isso não significa que Ele não nos trará a paz interior em meio do caos. "O Senhor dá força ao seu povo; o Senhor dá a seu povo a bênção da paz." (Sl 29:11)

Às vezes, Jesus acalma a tempestade e, às vezes, acalma nosso coração.

Pai amado, ajude-me a continuar confiando em Ti mesmo quando uma furiosa e interminável tempestade continua à vista. Sua soberania não muda nesses momentos, e o Senhor pode me dar paz apesar de minha realidade. Obrigada! Amém.

Comprometer-se sabiamente

Tenham cuidado com a maneira como vocês vivem; que não seja como insensatos, mas como sábios, aproveitando ao máximo cada oportunidade, porque os dias são maus. Portanto, não sejam insensatos, mas procurem compreender qual é a vontade do Senhor.

(Ef 5:15-17 – NVI)

É preciso bom senso para alcançar um equilíbrio viável de seus compromissos, sobretudo se você acha que deve aceitar humildemente todo e qualquer projeto empurrado em seu caminho. Pare com isso e desista, garota! Você não precisa fazer tudo que lhe pedem. Tem permissão para dizer: "Não!". Deus somente lhe envia responsabilidades específicas; o resto você assume por sua conta. O discernimento é crucial. Pergunte a si mesma: esse trabalho requer o uso sábio de meu limitado tempo e dos talentos e das habilidades dados por Deus, ou apenas trará confusão à minha vida e comprometerá o que deveria estar fazendo?

Pai, há muitas maneiras positivas de gastar meu tempo, mas o tempo é limitado em um dia! Por favor, ofereça-me sabedoria para escolher as melhores coisas que o Senhor quer que eu faça e para me sentir bem em dizer não aos outros. Amém.

Permaneça no controle

Em seu coração o homem planeja o seu caminho, mas o Senhor determina os seus passos.
(Pv 16:9 – NVI)

Lembra quando seu filhinho levado descobriu a arte do equilíbrio enquanto aprendia a andar de bicicleta? Concentração, muitas quedas e reajustes constantes eram necessários até que ele finalmente encontrasse a combinação certa de fatores que lhe permitissem manter-se firme e no controle à medida que se aproximava da entrada da garagem.

Equilibrar o trabalho, a fé e a família exige o mesmo tipo de determinação e foco. Claro, você cometerá alguns erros, mas, depois de uma queda, levante-se, limpe as pedrinhas dos joelhos esfolados e continue pedalando até que consiga permanecer firme e no controle.

Senhor Deus e Pai, preciso harmonizar minha agenda. Por favor, ajude-me a priorizar meu tempo e minhas tarefas de uma maneira que O honre. Amém.

Harmonize a balança

Tudo o que fizerem, seja em palavra ou em ação, façam-no em nome do Senhor Jesus, dando por meio dele graças a Deus Pai.
(Cl 3:17 – NVI)

A única esperança que temos para resistir até a hora do almoço de amanhã é colocar Deus de um lado da balança e tudo o mais do outro lado. Ele é nosso equilíbrio! Então nós não somos golpeadas no chão, nem nos agitamos no ar. Finalmente encontramos o equilíbrio. Quando isso ocorre, nossas responsabilidades não são mais insuportáveis. Na verdade, são não apenas administráveis, mas gratificantes!

É verdade que as tempestades da vida podem nos atrapalhar até que não conheçamos seus efeitos. Talvez nos desequilibremos durante um tempo, mas conseguimos aprender, afinal, como diz o salmista: "busque a paz com perseverança." (Sl 34:14 – NVI).

Senhor Deus e Pai, sempre que me sentir fora dos eixos, por favor, lembre-me de que a resposta para meus problemas de equilíbrio está sempre no Senhor! Por favor, guie-me, oriente-me e estabilize-me. Amém.

Uma dose extra

Com muita paciência pode-se convencer a autoridade, e a língua branda quebra até ossos.
(Pv 25:15 – NVI)

Acredito de verdade que Deus dá às mães uma dose extra de paciência, pois, se assim não fizesse, todas nós estaríamos carecas, cheias de tiques nervosos e, da prisão, telefonaríamos para nossos advogados. Quando nossos filhos são jovens, aprendemos a embalar nossa paciência em um saco de papel que levamos conosco aonde quer que formos.

Paciência... a tanchagem* na cesta de frutas do Espírito; um primo de segundo grau da paz. É essa virtude inatingível que tememos pedir mais a Deus, para que Ele não nos dê ainda mais motivos para precisar dela.

Pai amado, uma mãe precisa de doses extras de paciência para poder ensinar seus filhos por meio de todos os tipos de erros e problemas de comportamento, enquanto os ama de maneira generosa e sábia. Por favor, ajude-me! Amém.

* Planta com a qual se faz um chá medicinal com inúmeros benefícios, destacando-se o combate à irritação. (N.T.)

Não para os fracos

Apesar disso, esta certeza eu tenho:
viverei até ver a bondade do Senhor
na terra. Espere no Senhor. Seja forte!
Coragem! Espere no Senhor.
(Sl 27:13,14 – NVI)

Com certeza a paciência não é para os fracos. Dê uma olhada em Salmos 27:14. O salmista relaciona a paciência diretamente à coragem; em outras palavras, é preciso uma alma valente a fim de recorrer à força e à coragem necessárias para ser paciente no ápice de situações difíceis.

A paciência não é passiva; ela envolve um processo dinâmico e intencional que cresce com o tempo, a maturidade e a percepção. "A sabedoria do homem lhe dá paciência." (Pv 19:11 NVI)

Senhor Deus e Pai, eu me debato tanto com a espera, especialmente quando estou orando para que o Senhor aja em uma situação e Sua resposta é repetidamente "Ainda não". Por favor, dê-me sábia e corajosa paciência para me manter vivendo para Ti com paz e alegria, mesmo nos tempos de espera. Amém.

Coragem enquanto espera

Alegrem-se na esperança, sejam pacientes na tribulação, perseverem na oração.

(Rm 12:12 – NVI)

Admiro muito as pessoas que têm a coragem de ser pacientes. Esperar no tempo do Senhor, mesmo para alguma coisa que você quer tanto, reduz sua paz pessoal. Quando sinto que já usei minha cota diária de paciência, muitas vezes acabo indo pelo caminho dos covardes e lanço-me na frustração. Mas a paciência não tem prazo de validade.

Alguém disse uma vez: "Nem todos nós conseguimos evoluir no ato de ser paciente tão rápido quanto queremos, mas podemos aprender a tolerar melhor nossa impaciência".

Esse é meu objetivo de curto prazo: tolerar melhor minha impaciência. Estou constantemente aprendendo e crescendo, mas ainda tenho um longo caminho a percorrer até conquistar uma verdadeira paciência.

Senhor Deus e Pai, por favor, perdoe-me quando me lanço no caminho da impaciência. Ajude-me a evoluir em corajosa paciência, confiando que Seu tempo é sempre melhor. Amém.

A paciência leva a Jesus

[...] ele [o Senhor] é paciente com vocês, não querendo que ninguém pereça, mas que todos cheguem ao arrependimento.
(2Pe 3:9b – NVI)

Qual é seu míssil de temperamento mais frequente? O que pressiona seus botões de lançamento? Você faz contagem regressiva ou pula diretamente de "10, 9, 8" para decolar?

Por mais irritada que eu fique comigo e com os outros, e me sinta como a pessoa mais impaciente do mundo, acho reconfortante saber que o apóstolo Paulo sentia o mesmo sobre si mesmo. "Mas, por isso mesmo alcancei misericórdia, para que em mim, o pior dos pecadores, Cristo Jesus demonstrasse toda a grandeza da sua paciência, usando-me como um exemplo para aqueles que nele haveriam de crer para a vida eterna." (1Tn 1:16)

Meu objetivo de longo prazo é igual ao de Paulo: encaminhar outros para Cristo Jesus. A infindável paciência de Deus para comigo me motiva a evoluir na paciência com os outros de modo que também conheçam Sua misericórdia e Sua graça.

Senhor Deus e Pai, preciso desesperadamente de Sua paciência quando falho repetidas vezes, e sou desesperadamente grata por ela. Ajude-me a extravasar a paciência extrema aos outros e encaminhá-los a Ti. Amém.

Heróis da paciência

Vocês precisam perseverar, de modo que, quando tiverem feito a vontade de Deus, recebam o que ele prometeu.

(Hb 10:36 – NVI)

O escritor Adel Bestavros* disse: "A paciência com os outros é amor. A paciência consigo próprio é esperança. A paciência com Deus é fé". Basta que olhemos alguns dos nossos exemplos bíblicos de pessoas fiéis que esperaram no tempo do Senhor: Noé, esperando o Dilúvio enquanto trabalhava na arca mês após mês; Ester, esperando durante anos para descobrir como Deus a usaria. E não nos esqueçamos de Davi, que, enquanto esperava amadurecer para ser um guerreiro, encontrou Deus, que usou o jovem para matar um gigante e mudar a atitude de uma nação.

Deus também quer nos usar como exemplos de Sua paciência – isso mesmo, eu e você com todas as nossas falhas. Mesmo quando estamos esperando para amadurecer (espiritualmente), você nunca sabe como Ele pode nos usar hoje, apesar das poças de lama, das picadas de formiga ou dos temperamentos de mísseis.

---

* Adel Azer Bestavros (1925-2005) foi um famoso advogado, professor, um fervoroso servo, pregador e estudioso da Igreja Cristã Copta Ortodoxa (Igreja Cristã Nacional do Egito), e desde muito cedo desenvolveu paixão pelos estudos bíblicos. (N.T.)

Senhor Deus e Pai, por favor, ajude-me a aprender com os heróis da fé e da paciência em Sua Palavra, esperando pacientemente que o Senhor trabalhe em minha vida da maneira que julgar melhor. Amém.

O kiwi da benevolência

Amem, porém, os seus inimigos, façam-lhes o bem e emprestem a eles, sem esperar receber nada de volta. Então, a recompensa que terão será grande e vocês serão filhos do Altíssimo, porque ele é bondoso para com os ingratos e maus. Sejam misericordiosos, assim como o Pai de vocês é misericordioso.

(Lc 6:35,36 – NVI)

Na cesta de frutos do Espírito, benevolência é o kiwi – o rosto verde e sorridente na compota. A maravilhosa virtude que levou Jesus a curar os coxos, a devolver a visão aos cegos, a alimentar os famintos e a ressuscitar os leprosos. E Ele quer que nos tratemos uns aos outros com a mesma benevolência: "tenham todos o mesmo modo de pensar, sejam compassivos, amem-se fraternalmente, sejam misericordiosos e humildes." (1Pe 3:8 NVI).

É mais fácil falar do que fazer, não é? Sobretudo em um mundo moderno onde a benevolência é frequentemente vista com suspeita.

Senhor Deus e Pai, em um mundo que muitas vezes é cético em relação aos motivos por trás da benevolência, ajude-me a ser gentil, mostrando compaixão de um jeito que encaminhe as pessoas a Ti. Amém.

O melão da bondade

Provem, e vejam como o Senhor é bom.
Como é feliz o homem que nele se refugia!
(Sl 34:8 – NVI)

A bondade não se origina de dentro de nós mesmas, mas é resultado de uma orquestração de Deus. A bondade não pode ser fabricada por nosso próprio poder, pois só o Pai celestial a canaliza: "Há somente um que é bom", Jesus nos lembrou em Mateus 19:17.

Na cesta de frutos do Espírito, a bondade é o melão – doce, suculento e explodindo do sabor único de seu Criador. O sabor de Deus, Sua essência, é bondade. E a única maneira pela qual exalamos bondade em nossa vida é se Ele habita dentro de nós.

Senhor Deus e Pai, o Senhor é bom, sempre bom! Tudo de bom em mim, e qualquer bondade que dou aos outros vem diretamente de Ti. Obrigada! Amém.

A carambola da fidelidade

Porque vivemos por fé, e não pelo que vemos.
(2Co 5:7 – NVI)

A fidelidade é a carambola do Espírito – simboliza uma reluzente estrela para nossa coroa no Céu. Fidelidade é a recompensa que começa dando frutos durante nossos dias na terra e depois continua por toda a eternidade.

Fidelidade é de fato uma espécie de salada composta de todos os outros frutos do Espírito (amor, alegria, paz, paciência, benevolência, bondade, gentileza e autocontrole). Quando se misturam todas as frutas em uma tigela (pessoa), surge um semblante bonito e um estilo de vida fiel. Como a doce ambrosia!

Por definição, ser *fiel* é "dar mostras de lealdade, ser leal, devotado"; em outras palavras, a fidelidade atua em seu relacionamento com o Senhor. Fisicamente demonstra onde o coração está.

Pai amado, quero que minha fé seja ativa, não apenas alguma coisa que eu diga existir. Por favor, ajude-me a viver meu relacionamento com o Senhor para que os outros O vejam. Amém.

A manga da mansidão

Você, porém, homem de Deus, fuja de tudo isso e busque a justiça, a piedade, a fé, o amor, a perseverança e a mansidão.
(1Tm 6:11 – NVI)

Mansidão é a delicada e cheirosa manga na cesta de frutos do Espírito. Um aroma ímpar. A mansidão é como um encantador que se alonga atrás de nós, um traço da deliciosa fragrância de Deus em nosso próprio coração, que deixamos em nosso rastro, conduzindo outros para Ele.

Todas nós conhecemos pessoas calmas e graciosas que fazem exatamente isso, não é? Mulheres cuja beleza inatingível reluz de dentro. Pessoas que talvez não possuam os padrões de beleza física da sociedade, mas que, mesmo assim, nos deixam desfrutar sua beleza elegante.

Senhor Deus e Pai, às vezes sinto vontade de ser rude e brusca e ruidosa, e é difícil manter a calma e a ternura. Por favor, ajude-me a evoluir em mais tranquilidade em minhas ações e reações. Amém.

A ameixa do autocontrole

Como a cidade com seus muros derrubados,
assim é quem não sabe dominar-se.
(Pv 25:28 – NVI)

O autocontrole é a ameixa do Espírito; não a fruta que você saboreia, mas aquela que é fundamental para as coisas acontecerem sem problemas (se você já tomou suco de ameixa, sabe o que quero dizer!). É a fruta que você engole e tenta não se engasgar.

Acho que não é coincidência o autocontrole estar listado logo atrás da mansidão em Gálatas 5; ambos brotam da mesma vinha. Você precisa ingerir o primeiro para digerir o segundo.

O autocontrole é a coragem alimentada pela integridade e pelo poder sobrenatural. É algo que alguém comum não tem, porque apenas aqueles dispostos a recuar da linha de fogo e apagar o fósforo aceso possuem. "Pois Deus não nos deu espírito de covardia, mas de poder, de amor e de equilíbrio." (2Tm 1:7)

Senhor Deus e Pai, preciso de ajuda com autocontrole, seja para evitar 'junk food' ou para domesticar minha língua ou, ainda, para tomar cuidado com minha atitude, só para citar alguns exemplos. É grande a tentação de ceder à minha natureza pecaminosa, mas estou sempre com Seu Espírito. Amém.

Heroína

Então Josué, filho de Num, enviou secretamente de Sitim dois espiões e lhes disse: "Vão examinar a terra, especialmente Jericó". Eles foram e entraram na casa de uma prostituta chamada Raabe.

(Js 2:1 – NVI)

Raabe era a mais improvável das heroínas – uma mulher que vendia o corpo para vigorosos homens no escuro das sombras. Escória, como diríamos hoje. No entanto, Deus a escolheu para tornar-se um elo vital na linhagem do rei Davi e, mais tarde, do próprio Jesus Cristo. Se uma garota de programa consegue superar o passado sombrio e ser exaltada por sua fé, por que não conseguimos? Madre Teresa* disse: "Infinitas possibilidades nascem da fé". Raabe é a prova de que Deus pode – e vai – usar alguém com fé para Seus propósitos maiores. Qualquer um. Que espantosamente libertador!

Senhor Deus e Pai, às vezes duvido do que de bom eu poderia fazer para propagar Seu Evangelho e compartilhar Seu amor. Mas, por favor, lembre-me de que o Senhor está trabalhando de jeitos que não consigo ver, e que pode usar qualquer um disposto a servir, até mesmo eu. Amém.

---

* Anjezë Gonxhe Bojaxhiu M.C. (1910-1997), conhecida como Madre Teresa de Calcutá foi uma religiosa católica de etnia albanesa naturalizada indiana, fundadora da congregação das Missionárias da Caridade, cujo carisma é o serviço aos mais pobres dos pobres por meio da vivência do Evangelho de Jesus Cristo. (N.T.)

Em momentos de inatividade

Amem o Senhor, todos vocês, os seus santos!
O Senhor preserva os fiéis, mas aos arrogantes
dá o que merecem. Sejam fortes e corajosos,
todos vocês que esperam no Senhor!
(Sl 31:23,24 – NVI)

Como você permanece fiel nos momentos de inatividade? Em épocas de seca desértica, quando sua fé diminui e você se sente sozinha?

- Busque a Deus como sua fonte. Procure-O em primeiro lugar; Ele vai lhe dar a coragem para ser audaciosa.
- Use seus dons, capacidades e, sim, deficiências para chamar atenção para Ele.
- Gaste tempo em Sua Palavra; alimente seu espírito diariamente.
- Estenda a mão para os outros.
- Seja a mais bonita possível, por dentro e por fora. Nunca esqueça a quem você representa.
- Quando em dificuldades, medite. Literalmente, convença-se de que pode superar qualquer obstáculo.

Pai amado, em tempos difíceis, por favor, ajude-me a ser criteriosa e deliberada sobre permanecer fiel a Ti. Amém.

Irmãs de alma

É melhor ter companhia do que estar sozinho, porque maior é a recompensa do trabalho de duas pessoas. Se um cair, o amigo pode ajudá-lo a levantar-se. Mas pobre do homem que cai e não tem quem o ajude a levantar-se!
(Ec 4:9,10 – NVI)

Amigas. O que faríamos sem elas? Amigas são os achados raros que ouvem as canções no fundo de nossa alma e se importam o bastante para cantar um dueto quando não conseguimos fazer um solo.

Todo mundo precisa de uma alma gêmea, um espírito semelhante que ofereça amor incondicional e aceitação. Alguém que acredita que podemos ser belas e negligencia nossa besta interior quando leva uma mordida no bumbum. Um lugar seguro onde possamos guardar nossos segredos e garantir que eles não serão revelados. Aristóteles* disse: "O antídoto para cinquenta inimigos é um amigo".

Senhor Deus e Pai, as boas amizades de minha vida são um grande estímulo. Agradeço-Lhe por elas! Amém.

---

* Aristóteles (384-322 a.C.) foi um filósofo grego, aluno de Platão e professor de Alexandre, o Grande. Seus escritos abrangem diversos assuntos, como a física, a metafísica, as leis da poesia e do drama, a música, a lógica, a retórica, o governo, a ética, a biologia e a zoologia. Juntamente de Platão e Sócrates (professor de Platão), Aristóteles é visto como um dos fundadores da filosofia ocidental. (N.T.)

Lidando com a raiva

Sábio é o homem que consegue controlar seu gênio, e sua grandeza está em ser generoso e perdoador com quem o ofende!

(Pv 19:11 – KJA)

Você sabia que não é errado ficar com raiva? Não, não de acordo com Efésios 4:26-27: "Irai-vos e não pequeis; não se ponha o sol sobre a vossa ira. Não deis lugar ao diabo." (AM).

Nosso Deus é um Deus apaixonado – Ele sente as coisas. E as sente intensamente. Somos feitas à Sua imagem e, portanto, nunca devemos negar nossos sentimentos. Fomos criadas para tê-los. Mas, depois de sentirmos emoções intensas, precisamos trazê-las sob a submissão de Cristo e depois reagir adequadamente.

Senhor Deus e Pai, preciso lembrar que o problema não é necessariamente a raiva que sinto, mas o modo como reajo a ela. Por favor, ajude-me a submeter a Ti a minha raiva. Amém.

Não tão doce

Não retribuam a ninguém mal por mal. Procurem fazer o que é correto aos olhos de todos. Façam todo o possível para viver em paz com todos. Amados, nunca procurem vingar-se, mas deixem com Deus a ira, pois está escrito: "Minha é a vingança; eu retribuirei", diz o Senhor.

(Rm 12:17-19 – NVI)

Todas nós conhecemos o ditado "A vingança é doce", certo? Deus na verdade tem uma visão diferente sobre a vingança.

"Como é? Não devemos nos vingar?", gritamos indignadas. "Vamos lá, é só justiça! O que mais poderia satisfazer esse ardente desejo de justiça nas profundezas do nosso ser?"

PERDÃO. Sim senhora, isso mesmo.

Mas o perdão não vem naturalmente a nosso mundo de vingança glorificada. Isso porque muitas vezes é impossível perdoar sem a intervenção do Espírito Santo, que nos alimenta de um poder superior sobre alguém que nos ofendeu. Perdoar aos outros e aceitar o perdão são qualidades únicas na sociedade atual.

Senhor Deus e Pai, a vingança é muito tentadora, mas, por favor, ajude-me a deixar os erros cometidos contra mim aos Seus cuidados, para ser merecedora de Sua bondade e justiça. Amém.

Capa para a alma

Se confessarmos os nossos pecados,
ele é fiel e justo para nos perdoar
os pecados e nos purificar de toda injustiça.
(1Jo 1:9 – AM)

Perdão é a capa para a alma. Não somos definidas pelos nossos erros; somos recuperadas e remodeladas pelo perdão. Ele nos torna renovadas, animadas e belas! Não, ninguém precisa se lembrar da fealdade subjacente – Deus nos garante que Ele não vai! "E como o Oriente está longe do Ocidente, assim ele afasta para longe de nós as nossas transgressões" (Sl 103:12 NVI).

Então, o que você acha, irmã? O sofá manchado de sua vida precisa de uma nova e vistosa capa? Ouvi dizer que a Butique do Perdão Divino está com promoção!

Pai querido, não há palavras no mundo para expressar minha gratidão por perdoar meus pecados, o modo como os afasta para longe de mim e me purifica continuamente. Obrigada! Amém.

Não em uma curva

Porquanto, pela graça sois salvos, por meio da fé, e isto não vem de vós, é dom de Deus; não vem por intermédio das obras, a fim de que ninguém venha a se orgulhar por esse motivo.
(Ef 2:8,9 – KJA)

A qualificação para entrar no céu não é avaliada em uma curva; não chegamos lá sendo melhores do que outra pessoa. Chegamos apenas pela fé... apenas em Cristo... apenas pela graça.

"Porque Deus nos escolheu nele antes da criação do mundo, para sermos santos e irrepreensíveis em sua presença. Em amor nos predestinou para sermos adotados como filhos por meio de Jesus Cristo, conforme o bom propósito da sua vontade." (Ef 1:4,5 NVI)

Se recebemos Seu precioso dom de salvação, não precisamos temer a morte, querida amiga. Ela é apenas a abertura da porta para a maior de todas as aventuras: o Céu!

Senhor Deus e Pai, obrigada por Seu precioso dom da Salvação, disponibilizado para todas as pessoas, não com base em qualquer coisa que poderíamos fazer, mas com base em Seu grande amor por nós. Amém.

Cativada

*O rei foi cativado pela sua beleza;
honre-o, pois ele é o seu senhor.*
(Sl 45:11 – NVI)

Pessoas adoram mudanças, mas Deus adora transformações. E, uma vez que o processo de transformação tenha começado, Ele quer que nos vejamos tão belas como Ele nos vê. De fato, de acordo com a Escritura acima transcrita, Ele ficará cativado por nossa beleza! Cativado! Uau – quem mais neste vasto mundo é tão completamente apaixonado por nós?

Todo o tempo que gastamos olhando-nos no espelho, arrumando-nos e reinventando-nos será em vão se não formos embelezadas de dentro para fora. Se essa besta interior horrorosa não é enfrentada, emergirá em tempos de crise emocional e, com suas garras cruéis e implacáveis, destruirá tudo o que é bom, tudo o que é agradável, tudo que é belo em nossa vida.

Mas Deus nos arma não apenas para lutar contra a fera, mas para subjugá-la permanentemente.

Senhor Deus e Pai, não quero apenas uma mudança. Quero Seu poder transformador na minha vida para me dar uma beleza que O cative e que atraia outros para Ti. Amém.

Sobrecarga de estresse

Venham a mim, todos os que estão cansados e sobrecarregados, e eu lhes darei descanso. Tomem sobre vocês o meu jugo e aprendam de mim, pois sou manso e humilde de coração, e vocês encontrarão descanso para as suas almas. Pois o meu jugo é suave e o meu fardo é leve.
(Mt 11:28-30 – NVI)

Os sintomas de sobrecarga de estresse não aparecem do dia para a noite. Se nós os ignorarmos, o estresse acabará por cobrar um preço de nosso corpo.

Nós, mulheres, tendemos a internalizar o estresse. Levamos confronto e discórdia sutil de uma maneira muito pessoal. Conversas exaltadas e até mesmo pequenos desentendimentos com frequência mergulham em nossas entranhas, deixando uma sensação de inquietação e angústia. Às vezes, quando não conseguimos encontrar uma saída para nossa frustração reprimida, recorremos a um comportamento autodestrutivo. Comemos demais. Fumamos. Bebemos. Abusamos de nosso corpo. Podemos até nos isolar.

Senhor Deus e Pai, por favor, ajude-me a não ignorar os sinais de que estou exagerando na vida. Ajude-me a colocá-Lo em primeiro lugar, a conseguir priorizar com sabedoria e a aproveitar a paz e relaxar nela e no descanso que resultarão. Amém.

Sobre limpeza

E, respondendo Jesus, disse-lhe: Marta, Marta, estás ansiosa e afadigada com muitas coisas, mas uma só é necessária; e Maria escolheu a boa parte, a qual não lhe será tirada.

(Mt 10:41,42 – AM)

Tento me purificar, mas às vezes os esforços saem pela culatra. Da mesma maneira que uma mulher na Flórida, que acidentalmente atingiu um jacaré com seu carro. Sério. Ela o removeu da estrada, mas colidiu com um veículo estacionado quando o jacaré começou a se debater no banco de trás do carro. Acusaram a pobre coitada de posse criminosa de um jacaré.

Muitas vezes, estamos tão sobrecarregadas que não raciocinamos, corremos para resolver tudo e não paramos para discernir e dar valor ao que realmente importa.

Então, quando somos tentadas a renunciar a nosso tempo com o Pai, vamos lembrar as palavras de Jesus: "Marta, Marta, estás ansiosa e afadigada com muitas coisas." (Lc 10:41).

Apenas uma coisa tem de fato importância eterna: Nosso Deus. E Ele criou a poeira também.

Senhor Deus e Pai, por favor, ajude-me a encontrar o sábio equilíbrio de manter minha casa limpa e organizada sem muitos exageros. Obrigada! Amém.

O que você está dizendo a si mesma?

Acima de tudo, guarde o seu coração,
pois dele depende toda a sua vida.
(Pv 4:23 – NVI)

Uma boa meditação não é crucial apenas nos esportes; é uma parte enorme do gerenciamento diário do estresse. Quando meditamos a respeito de algo reiteradamente, acabamos incorporando-o e ele se torna parte de nossa reconstrução interior, de nossa autoestima, de nossa motivação, do desempenho – para melhor ou para pior. Em essência, escolhemos nossa postura, o que define nosso nível de estresse.

"Tudo bem, aquele primeiro suflê não deu certo, mas o de Julia Child* também não. Vou fazer alguns ajustes e o próximo será uma obra-prima." Quando escolhemos uma atitude positiva, nosso ponto de vista se torna muito mais otimista e consequentemente alivia o estresse.

Pai amado, o Senhor me criou à sua imagem e me ama incondicionalmente. Por favor, ajude-me a não insultá-Lo com meditações negativas. Faça com que me fortaleça com a verdade amável e encorajadora de Sua Palavra. Amém.

---

* Julia Child, pseudônimo de Julia Carolyn McWilliams (1912-2004) foi uma autora de livros de culinária e apresentadora de televisão americana. O filme *Julie & Julia* (2009) retrata e vida da escritora. (N.T.)

Pare de encarnar o Bisonho*

Quanto ao mais, irmãos, tudo o que é verdadeiro, tudo o que é honesto, tudo o que é justo, tudo o que é puro, tudo o que é amável, tudo o que é de boa fama, se há alguma virtude, e se há algum louvor, nisso pensai.
O que também aprendestes, e recebestes, e ouvistes, e vistes em mim, isso fazei; e o Deus de paz será convosco.
(Fp 4:8,9 – AM)

Encarnar o Bisonho torna-se a trilha sonora para o subconsciente dos nossos pensamentos. Aqueles pensamentos depressivos e autodepreciativos nos desgastam e exaurem. Na verdade, estamos sabotando a nós mesmas. Contentamo-nos com a derrota, quando, com alguns pequenos ajustes de atitude, abriríamos a porta para alternativas surpreendentes.

A pior parte da meditação negativa é que não estamos simplesmente nos limitando; estamos limitando a Deus. O Criador do universo. Aquele que está pronto para nos encher com expectativa, esperança e potencial, e nos quer meditando: "Tudo posso naquele que me fortalece" (Fp 4:13).

Senhor Deus e Pai, ajude-me a pensar positivamente e manter minha mente em Ti? Amém.

---

* Bisonho (Eeyore, no original em inglês) é um personagem da turma do Ursinho Puff. (N.T.)

Moderação

Não se amoldem ao padrão deste mundo, mas transformem-se pela renovação da sua mente, para que sejam capazes de experimentar e comprovar a boa, agradável e perfeita vontade de Deus.
(Rm 12:2 – NVI)

Você está sobrecarregando a si mesma? Desdobrando seu tempo ou suas energias tão escassos? Independente de quão bem-intencionadas estamos, somos apenas humanas. O Projetista Chefe, que nos criou e conhece nossas limitações, quer que definamos parâmetros e escolhamos a maneira de gastar nossas limitadas energias.

Exagerar não só rouba nossa alegria e nossa capacidade de viver o momento, mas também prejudica o cumprimento e a eficácia das prioridades que Deus designou como nosso foco principal para essa época particular da nossa vida. Assim já dizia Ben Franklin* com este conselho: "Seja moderado em tudo, inclusive na moderação".

Senhor Deus e Pai, é muito difícil saber escolher como usar meu tempo. Por favor, ajude-me a fazer as coisas com moderação, sempre tendo tempo para descansar e rejuvenescer a fim de conhecer a Sua perfeita vontade para mim. Amém.

---

* Benjamin Franklin (1706-1790), religioso e figura representativa do Iluminismo, foi um jornalista, editor, autor, filantropo, político, abolicionista, funcionário público, cientista, diplomata, inventor e enxadrista estadunidense. Foi um dos líderes da Revolução Americana, conhecido por suas citações e experiências com a eletricidade. (N.T.)

Ele nunca a ignora

Porque não desprezou nem abominou a aflição do aflito, nem escondeu dele o seu rosto; antes, quando ele clamou, o ouviu.
(Sl 22:24 – AM)

É fácil questionar o amor de Deus por nós e até mesmo Sua existência quando acontece uma tragédia. E, em nosso mundo caído, isso vai acontecer com todos uma vez ou outra. Meu marido, Chuck, e eu vivemos nosso período de deserto estéril em nossa fé, depois de seis dolorosos abortos. Na agonia imediata de nossas perdas, Deus pareceu cruel e impiedoso. Sentimo-nos abandonados e perdidos, mas agora, olhando para trás, vemos que Deus estava lá o tempo todo. Não cruel, não impiedoso, apenas silenciosamente com uma reluzente lanterna de esperança, aguardando com paciência que desaparecessem as cataratas espirituais autoimpostas por nós, para que enxergássemos a Sua presença.

O versículo 24 do salmo 22 tornou-se um dos meus favoritos quanto a reconforto. Entendi que Deus não é quem nos aflige; não, Ele é quem socorre os aflitos. Você e eu. Ele não é o inimigo; Ele está no nosso time. Uma enorme diferença para um coração que necessita de cura!

Senhor Deus e Pai, o Senhor conhece cada mágoa que sofro e nunca pode ser culpado. Por favor, ajude-me a correr para Ti – nunca para longe – quando estiver magoada e duvidando. Amém.

Puchada e esticada

Nenhuma disciplina parece ser motivo de alegria no momento, mas sim de tristeza. Mais tarde, porém, produz fruto de justiça e paz para aqueles que por ela foram exercitados.
(Hb 12:11 – NVI)

Você já fez pão caseiro? Nada cheira melhor deste lado do céu! Bem, em minha visão, o processo de cura é como fermento de pão – a massa tem que ser puxada, esticada e batida para o fermento fazer o trabalho, até finalmente penetrar em cada centímetro. Com o tempo, esse mesmo fermento permite que o pão cresça e se torne o que era destinado a ser. Se o fermento não penetra na massa, ou se o pão não passa tempo suficiente no forno, nunca ficará completo. Permanecerá inútil, uma gororoba, uma massa não comestível. O calor é necessário para a transformação e a perfeição.

Então, da próxima vez que você sentir vontade de gritar "Espetem um palito em mim; estou pronta!", lembre-se de que, embora nossos dias de forno sejam difíceis – muitas vezes dolorosos –, são momentos em que crescemos e amadurecemos em nossa fé.

Senhor Deus e Pai, dor e disciplina nunca são agradáveis quando estou em meio a elas, mas, por favor, entregue-me a compreensão de como elas podem me ensinar, me transformar e me aproximar de Ti. Amém.

Tempo para um descanso

Esforcem-se para ter uma vida tranquila.
(1Ts 4:11 – NVI)

Você se lembra de como era acordar gloriosamente em uma manhã livre de verão quando era criança? Ah, a exultação de saber que tinha tempo para preenchê--lo do jeito que quisesse!

Como adultos, muitas vezes não temos o luxo de horas livres, mas podemos criar minutos livres em cada dia se diligentemente simplificarmos e desobstruirmos nossas agendas congestionadas. Isso, querida irmã, é nossa reconexão com aquele sentimento de manhã de verão. A alegria do Senhor traz de volta respingos de cor a nosso mundo preto e branco.

Senhor Deus e Pai, por favor, ajude-me a criar tempo a cada dia para um descanso que O glorifique e me permita desfrutar da alegria que o Senhor colocou em minha vida. Amém.

Os outros em primeiro lugar

Nada façam por ambição egoísta ou por vaidade, mas humildemente considerem os outros superiores a si mesmos. Cada um cuide, não somente dos seus interesses, mas também dos interesses dos outros.
(Fp 2:3,4 – NVI)

Submeter-se a outras pessoas se resume a uma questão de confiar que o Senhor está no controle final.

Quando escolhemos nos submeter a alguém que exerce autoridade sobre nós, estamos realmente nos submetendo a Deus. Se Ele está de fato no controle, organiza os canais de autoridade nos quais vivemos, trabalhamos e funcionamos. Como pessoas de fé, nosso objetivo final é nos tornar semelhantes a Cristo, e Cristo exemplificou a vontade de submissão a Seu Pai, tornando-se humilde a ponto de morrer numa cruz.

Que o "seja feita a Tua vontade" possa ser também o nosso credo motivado pelo amor, como nos submetemos em Filipenses 2:3 e nos tornamos humildes a ponto de ver os outros como mais importantes do que nós mesmas.

Senhor Deus e Pai, muitas vezes é difícil me submeter aos outros e não pensar em mim como mais importante. Por favor, ajude-me a ser humilde e respeitosa com os outros, sobretudo aqueles com autoridade sobre mim. Amém.

Preocupação crônica

Entregue suas preocupações ao Senhor, e ele o susterá; jamais permitirá que o justo venha a cair.
(Sl 55:22 – NVI)

Quando vivemos cronicamente preocupadas, não vemos o que está de fato acontecendo; a verdade fica obscurecida por mentiras em que escolhemos acreditar. Tudo bem. Está tudo certo. Claro, sinto-me exausta e infeliz agora, mas estarei melhor na próxima semana. No próximo mês. No próximo ano.

Irmã, está na hora de fazer alguma coisa hoje para que não se torne escrava da preocupação.

Como podemos afastar essa opressiva fonte de preocupação? O primeiro passo é entregar as preocupações a Jesus. Quando começar a torcer as mãos ou o gravador mental da obsessão apertar a tecla REPLAY pela décima vez, coloque seus problemas na Cruz. Jesus as livrará deles. Repita esse processo toda vez que tiver a tendência de voltar a lutar contra essa situação.

Senhor Deus e Pai, o Senhor é tão bom por querer levar preocupações, ansiedades e fardos para longe de mim! Por que sempre acho que devo me agarrar a eles? Por favor, ajude-me a me libertar deles e confiá-los a Ti. Amém.

Humor em tempos difíceis

Mas, quanto a você, ele encherá de riso a sua boca e de brados de alegria os seus lábios.
(Jó 8:21 – NVI)

Humor é importante. Funciona como catalisador para liberar a alegria rejuvenescedora em nossa alma. Humor é a arma de Deus contra a preocupação, a ansiedade e o medo. É uma pomada poderosa para os joelhos esfolados do espírito... curando, revitalizando, protegendo-nos contra infecções tóxicas como amargura, derrota ou depressão.

O riso é a nossa salvação quando estamos afundando no poço da austeridade, quando estamos tão absorvidas nos estressantes detalhes de nossa vida que não conseguimos nos divertir. O sol não desapareceu só porque está temporariamente obscurecido pelas nuvens. Às vezes, as coisas boas dependem apenas de uma gostosa gargalhada.

Pai amado, mesmo em tempos difíceis, por favor, ajude-me a manter um bom humor. Amém.

Engula o orgulho

Tudo o que fizerem, seja em palavra ou em ação, façam-no em nome do Senhor Jesus, dando por meio dele graças a Deus Pai.

(Cl 3:17 – NVI)

O orgulho é um ladrão dissimulado. Ele se esgueira e nos rouba da gratidão, que é um subproduto de conhecer – e reconhecer – que nossas qualidades, talentos e traços elogiosos são apenas presentes do nosso Criador. Presentes embrulhados em amor e amarrados com um laço de bondade.

Meu amigo Rich, professor e pai, tem uma atitude contagiante de humildade. Quando professores da escola cristã onde ele trabalhava foram informados de que os cortes orçamentários exigiriam que os funcionários assumissem funções de zeladoria, começou a reclamação entre eles. Durante protestos e contestações que se seguiram, Rich desapareceu silenciosamente levando os equipamentos de limpeza. Quando o encontraram de joelhos, esfregando banheiros, meu amigo respondeu: "Ajoelhar diante deste trono não é diferente de ajoelhar diante do trono de Deus – é tudo por Sua glória!".

Senhor Deus e Pai, que eu nunca seja tão orgulhosa a ponto de não fazer qualquer coisa que o Senhor me peça. Ajude-me a servir aos outros e fazer tudo por Sua glória. Amém.

Algemada pelo perfeccionismo

[...] Remindo o tempo, porquanto os dias são maus.
(Ef 5:16 – AM)

Como podemos nós, grandes damas da bagunça, lidar com os estragos do desleixo anárquico e evitar que nossos termômetros de estresse entrem em erupção como o monte Vesúvio?

Descobri o segredo: diminuir nossas expectativas. É fato. Largue o perfeccionismo, deixe de moralismo, abandone comparações. Passe por baixo daquela autoimposta barra da impecabilidade. Não estamos competindo pelo troféu da casa mais limpa. Quem se importa se o chuveiro da garota da porta ao lado brilha mais que o seu?

Não estou com isso dizendo que devemos chafurdar em chiqueiros, mas, quando nos algemamos ao perfeccionismo e ficamos controladas pelo orgulho, viramos escravas de nosso lar. Eles nos possuem, em vez de nós os possuirmos. Isso não é bom. Não é sensato. Não agrada a Deus.

Deus quer que invistamos nossos preciosos minutos na terra nas pessoas, não nas coisas. Concentre-se em seguir aquelas cujas almas se sustentem no equilíbrio da eternidade.

Senhor Deus e Pai, por favor, ajude-me a não ser escrava de minha casa ou a não ser exageradamente perfeccionista. O modo como mantenho relacionamentos sempre importa mais do que como mantenho minha casa; só preciso ter um equilíbrio saudável entre ambos. Amém.

Novas misericórdias a cada manhã

Graças ao grande amor do Senhor é que não somos consumidos, pois as suas misericórdias são inesgotáveis. Renovam-se cada manhã; grande é a tua fidelidade!
(Lm 3:22,23 – NVI)

Enquanto fugia de Deus, as más escolhas de Jonas resultaram em ele ser jogado ao mar em meio a uma tempestade. No entanto, Jeová escolheu ignorar a desobediência da cabeça dura de Jonas e socorrê-lo. Essa, amiga, é a misericórdia.

E quanto a mim? E quanto a você? Não somos diferentes de Jonas. Também fugimos de lugares difíceis, ou de tarefas difíceis ou mesmo de pessoas desagradáveis que Deus colocou em nossa vida. As mesmas perguntas se aplicam: por que Deus se importa com criaturas teimosas e rebeldes? Por que Ele desperdiça tempo socorrendo vítimas infelizes das próprias escolhas erradas que fizeram? Certamente não merecemos a Sua misericórdia. Mas, apesar de tudo, Ele amorosamente a concede a nós. Repetidamente.

Senhor Deus e Pai, Sua Palavra diz que Suas misericórdias são novas a cada manhã. Obrigada por Sua infindável fidelidade a mim. Amém.

Rejuvenescer

Descobri também que poder comer, beber e ser recompensado pelo seu trabalho é um presente de Deus.
(Ec 3:13 – NVI)

Estudos mostram que existem inegáveis correlações entre atividades agradáveis e redução de estresse. De fato, profissionais de gestão especializados em estresse recomendam-lhe que se envolva em pelo menos uma atividade semanal apenas por diversão. Mas, ei, por que somente uma?

Atividades lúdicas não são apenas um mecanismo para lidar com o estresse, mas também um jeito de cultivar *hobbies* relaxantes que lhe proporcionam uma maneira de expressar a si mesma, aguçar talentos latentes (ou desenvolver habilidades que você sempre desejou ter) e liberar ansiedades reprimidas. Talvez não sejamos capazes de eliminar o estresse de nossa vida louca, mas podemos nos capacitar para enfrentá-lo melhor ao buscar atividades rejuvenescedoras que reabasteçam nossos tanques de alegria em vez de nos consumirmos até os ossos.

Senhor Deus e Pai, às vezes me esqueço de simplesmente reservar um tempo para relaxar e aproveitar o lindo mundo que o Senhor criou, assim como a criatividade que me concedeu. Por favor, ajude-me a encontrar atividades que me possibilitem descansar e rejuvenescer. Amém.

Vida plena e abundante

O ladrão vem apenas para furtar, matar e destruir; eu vim para que tenham vida, e a tenham plenamente.
(Jo 10:10 – NVI)

A esta altura, você provavelmente está pensando: não posso perder tempo fazendo coisas que me divirtam. Preciso cuidar de minha família. Nada disso, deixe de culpa, irmã – a diversão faz bem a você e a seus familiares! Por meio dela, investirá em sua saúde e em seu futuro, que afetam diretamente a saúde e o futuro da família também.

Cientistas provaram que o riso melhora a circulação e exercita a musculatura esquelética (inclusive os músculos do esfíncter, se você rir com muita intensidade, infelizmente!). Um estudo que li a esse respeito confirmou que rir quinze minutos todas as manhãs por três semanas melhora de forma significativa o otimismo, as emoções positivas, a identificação social e... ãhn, a regularidade intestinal. *Adeus, suco de ameixa.*

Divertir-se é de fato contagiante! Uma revista médica britânica concluiu, a partir de experimentos sociais, que a alegria transmitida entre as pessoas pode durar até um ano. Um ano! Quando você sorri, o mundo inteiro sorri junto!

Senhor Deus e Pai, viver para Ti não significa uma vida sombria de fé, cheia de rituais religiosos, mas uma vida de alegria e esperança abundantes, de paz e de muita diversão. Obrigada! Amém.

Ganhando o prêmio!

Que harmonia entre Cristo e Belial?
Que há de comum entre o crente e o descrente?
(2Co 6:15 – NVI)

O que há de errado em ser exigente em nossos relacionamentos? Não é essa a mensagem implícita na segunda carta aos coríntios (6:15)? Compartilhar a fé é muitas vezes a cola que mantém unido um relacionamento seco e murcho até que possa ser renovado. Nosso Senhor é especialista em reparar fendas em relacionamentos. Ele fica mais do que feliz em fornecer força ao cordão conjugal quando dois dos cordões se desgastam: "Um cordão de três dobras não se rebenta com facilidade!" (Ec 4:12 – KJA).

Sim, romance se baseia em muito mais que vinho e rosas. Ou refrigerante e salsichas, para esse assunto. Ouvi uma vez um homem apresentar a cônjuge como "minha esposa troféu". Quando perguntado por que usou esse termo, olhou com veneração para a mulher e respondeu com um grande sorriso: "Porque ganhei o prêmio!". Que maneira maravilhosa de um homem enxergar o amor!

Senhor Deus e Pai, obrigada por meu marido. Que nosso casamento, embora não seja perfeito, reflita o Seu amor. Amém.

Amor verdadeiro

Façam tudo com amor.
(1Co 16:14 – NVI)

De acordo com 1 Coríntios 13:4-6, o verdadeiro amor romântico está enraizado na aceitação incondicional que Deus demonstra por nós: "O amor é paciente, o amor é bondoso. Não inveja, não se vangloria, não se orgulha. Não maltrata, não procura seus interesses, não se ira facilmente, não guarda rancor. O amor não se alegra com a injustiça, mas se alegra com a verdade".

Uau! Que lista de intensificadores de romance! Imagine o potencial de um relacionamento em que ambos os parceiros são gentis e pacientes entre si, nunca rudes ou emburrados ou ressentidos. Uma verdadeira parceria em que sentimentos feridos não se agravam e erros do passado são totalmente perdoados e esquecidos. Relacionamentos em que a verdade é a regra e a transparência não vira um risco.

Pai querido, obrigada pela sabedoria em Sua Palavra sobre como construir um casamento duradouro. Amém.

Lidando com a dificuldade

Pelo contrário: "Se o seu inimigo tiver fome, dê-lhe de comer; se tiver sede, dê-lhe de beber. Fazendo isso, você amontoará brasas vivas sobre a cabeça dele". Não se deixem vencer pelo mal, mas vençam o mal com o bem

(Rm 12:20,21 – NVI)

Um conflito não resolvido, sem dúvida pode aumentar nossos sentimentos de ansiedade e tensão, o que se intensifica com o passar do tempo. Como espuma acumulando-se nos cantos do chuveiro, resíduos emocionais podem sujar as beiradas de nossa paz sem que ao menos percebamos. Por mais perturbador que pareça no momento, é importante lidar com as situações à medida que surgem, sem carregá-las por semanas ou até anos como fraldas cheias e fedidas.

Pessoas complicadas frequentemente estão em nossa vida com propósitos velados. Os propósitos de Deus. Talvez para nos exercitar, para nos fazer crescer, ou ainda para lixar nossas afiadas extremidades por meio de sua fricção.

Senhor Deus e Pai, preciso desesperadamente da Sua ajuda para lidar com pessoas complicadas de uma maneira que Lhe agrade. Por favor, ajude-me a vê-las através de Seus olhos, com Seu amor. Amém.

Compromisso parental

Mas eu e a minha família serviremos ao Senhor.
(Js 24:15 – NVI)

Preocuparmo-nos com influências negativas sobre nossos filhos é um importante produtor de estresse feminino, mas é um alívio sabermos que há algo que podemos fazer a esse respeito.

Um estudo da Universidade Columbia mostrou que os adolescentes que fazem as refeições com suas famílias cinco ou mais vezes por semana são menos propensos a fumar, beber e sair com amigos sexualmente ativos. Joseph A. Califano Jr., presidente do Centro Nacional de Pesquisa de Vício e Abuso de Substâncias Entorpecentes na Universidade Columbia, expressa isso melhor: "O envolvimento dos pais é uma arma fundamental na luta contra o uso de drogas. Se eu tivesse uma varinha mágica, faria todos jantarem em família".

Minha conclusão? Família que mastiga unida permanece unida.

Senhor Deus e Pai, o Senhor ama meus filhos ainda mais do que eu. Por favor, permita-me ter a sabedoria e o amor de que preciso para me relacionar bem com eles e encaminhá-los a Ti. Que Seu amor mantenha nossa família unida. Amém.

Uma dinastia de fé duradoura

Todos os dias te bendirei e louvarei o teu nome para todo o sempre! Grande é o Senhor e digno de ser louvado; sua grandeza não tem limites. Uma geração contará à outra a grandiosidade dos teus feitos; eles anunciarão os teus atos poderosos.

(Sl 145:2-4 – NVI)

Transmitimos fragmentos de nós mesmas a nossos filhos, os quais, por sua vez, são repassados a inúmeras gerações futuras. Não podemos evitar os pés chatos e as sardas que eles herdam, mas podemos conscientemente lhes transferir traços específicos de caráter: dependência de Deus, hábito de orar, lealdade, integridade, amor e proteção entre todos no seio familiar.

A questão fundamental é nos questionarmos: estou vivendo minha fé em voz audível? Estou fazendo disso uma prioridade para garantir que meu legado inclua uma relação ativa, viva e dinâmica com meu Pai celestial? Nunca é tarde demais para estabelecer as bases para uma dinastia de fé forte e duradoura!

Senhor Deus e Pai, quero viver um relacionamento autêntico com o Senhor para que meus filhos percebam todos os dias, e assim desejem também tal relacionamento, e um dia os filhos deles e assim por diante. Amém.

A gratidão como um estilo de vida

Deem graças em todas as circunstâncias.
(1Ts 5:18 – NVI)

Acabei de ler a respeito de uma pesquisa universitária que concluiu serem as pessoas agradecidas, em geral, mais saudáveis mental e fisicamente. É como ir à academia – você não pode ir uma vez por ano e esperar benefícios; precisa transformar isso em um hábito. Viver com gratidão não é natural, mas uma disciplina que precisamos considerar importante a ponto de adotá-la. Assim como ter um momento de reflexão diário ou passar fio dental.

Acho incrível o fato de as pesquisas realmente evidenciarem que pessoas com gratidão são menos invejosas e ressentidas. Elas dormem melhor, são fisicamente mais ativas e têm menos problemas de pressão arterial. Quem sabe eu poderia suportar um pouco mais disso, hein, Senhor? Há vantagens em se assumir a gratidão como um estilo de vida.

Pai amado, o Senhor é tão bom para mim e não Lhe agradeço o bastante. Ajude-me a enxergar e a contabilizar minhas bênçãos diariamente para assumir a gratidão como um estilo de vida. Amém.

O jardim da amizade

É melhor ter companhia do que estar sozinho, porque maior é a recompensa do trabalho de duas pessoas. Se um cair, o amigo pode ajudá-lo a levantar-se. Mas pobre do homem que cai e não tem quem o ajude a levantar-se!

(Ec 4:9,10 – NVI)

Você já viu um jardim cheio de mato? Em outros tempos, uma paisagem bonita, bem cuidada, bem tratada, depois transformada em um local feio pelo crescimento do mato? O encantador lugar que uma vez fez olhos brilharem de alegria agora os afasta em repulsa. Tudo por causa da falta de cuidado. Falta de investimento. Indiferença.

Então, como encontrarmos tempo para cultivar amizades a fim de que não virem jardins negligenciados? Como ser a amiga de quem nossa amiga precisa?

- Torne sua amiga uma prioridade.
- Conviva com ela.
- Evoluam juntas.
- Faça com que sua amiga saiba que você pensa nela e ora por ela constantemente.
- Celebrem juntas. Por nada e por tudo.
- Mantenham-se de mãos dadas nos tempos difíceis.

Senhor Deus e Pai, por favor, abençoe-me com boas amigas e ajude-me a ser também uma boa amiga. Amém.

Apenas mostre que você se importa

E consideremo-nos uns aos outros para incentivarmo-nos ao amor e às boas obras.

(Hb 10:24 – NVI)

Nunca vou esquecer como minha amiga Cheryl me apoiou quando fiquei afastada devido a um acidente de esqui que exigiu três cirurgias no meu joelho esquerdo em um período de sete meses. Cheryl percebeu meu espírito deprimido cuidadosamente disfarçado sob um exterior sorridente. Todo segundo ou terceiro dia do mês, mês após mês, recebi um telefonema de três minutos, perguntando-me simplesmente: "Como você está hoje?".

Em alguns dias, eu chorava assim que ouvia sua voz; em outros, conversávamos sobre acontecimentos fúteis da vida. Mas sempre a fidelidade dela afirmando "Só queria que soubesse que eu estava pensando em você" me fazia um bem maior do que qualquer tratamento médico jamais produziria.

Senhor Deus e Pai, ajude-me a perceber que não é preciso muito, não mais que um rápido telefonema, para que uma pessoa saiba o quanto me importo com ela. Ajude-me a ser uma amiga boa e encorajadora. Amém.

Amar nossos irmãos

Sejam bondosos e compassivos uns para com os outros, perdoando-se mutuamente, assim como Deus perdoou vocês em Cristo.

(Ef 4:32 – NVI)

Irmãos são os instrutores relutantes na sala de aula de nossa vida. São nossos bonecos espatifados, nossos experimentos fracassados, os infelizes com quem praticamos para aprender a como não tratar os outros. Involuntariamente nos ensinam civilidade ao se tornarem aqueles que sofrem as consequências de nossos erros enquanto aprendemos as virtudes da bondade, da compaixão, da justiça, do perdão, além da ajuda um ao outro.

No entanto, apesar dos sentimentos pisoteados, dos ferimentos e das contusões ocasionais, não há companheiros mais leais do que os irmãos. Somos rosas e tulipas do mesmo jardim! O que seríamos sem eles? São tanto uma parte do nosso DNA como nossos narizes tortos. Nós os amamos, admiramos e somos irritadas sem motivo por todos eles, tudo ao mesmo tempo.

Senhor Deus e Pai, meus irmãos são uma bênção, mesmo quando estamos em desacordo. Obrigada por eles e ajude-me a amá-los e a incentivá-los. Amém.

Dois maridos

Assim como a igreja está sujeita a Cristo, também as mulheres estejam em tudo sujeitas a seus maridos. Maridos, amem suas mulheres, assim como Cristo amou a igreja e entregou-se a si mesmo por ela.
(Ef 5:24,25 – NVI)

Tento lembrar que na verdade tenho dois maridos: Chuck e Jesus. Como pessoa de fé, parte da noiva de Cristo, sou casada com Ele também (veja Ef 5:25-27; Ap 21:9). *Ishi*, o nome hebraico para Deus usado em algumas versões da Bíblia, é traduzido como "marido". O Amante de nossa alma assume o papel do marido tradicional, protetor, provedor e fiel companheiro. Só Ele nunca nos abandonará ou nos renunciará – recusa-se a um divórcio, não importa quão infiéis sejamos.

Que revelação quando enxergamos nosso papel de esposa sob essa perspectiva! Começamos a ver nossos companheiros através dos mesmos olhos compassivos, indulgentes, incondicionalmente amorosos com que Cristo nos vê. Os desejos do nosso marido se tornam importantes para nós. Queremos satisfazer suas necessidades.

Senhor Deus e Pai, obrigado por ser o Amante da minha alma que nunca me decepcionará. Meu marido terrestre pode fazê-lo, mas o amo muito, e quero que o nosso casamento reflita Sua graça e Seu amor. Amém.

O melhor tipo de herança

Os filhos são herança do Senhor,
uma recompensa que ele dá.
(Sl 127:3 – NVI)

Meu melhor alívio para o estresse materno era lembrar-me, no meio da briga, que a família é a coisa mais importante no meu mundo. Meus filhos. Lindas almas que Deus confiou aos meus cuidados por alguns poucos anos. Eles exigem e merecem o melhor da minha atenção, mesmo quando meu dia é constantemente interrompido por tais dádivas.

"Eis que os filhos são herança do SENHOR, e o fruto do ventre, o seu galardão." (Sl 127:3 – AM) Entendeu isso, cara enlouquecida mamãe? O melhor presente de Deus são nossos filhos.

Se conseguirmos compreender essa evasiva reafirmação mesmo quando nos agarramos aos últimos farrapos de sanidade materna, vamos ficar bem.

Senhor Deus e Pai, mesmo nas jornadas parentais mais difíceis, lembre-me a cada momento de que presente meus filhos são. Agradeço a Ti por eles e peço-Lhe sabedoria e paciência como mãe. Amém.

Cuidadoras do templo

Acaso não sabem que o corpo de vocês é santuário do Espírito Santo que habita em vocês, que lhes foi dado por Deus, e que vocês não são de si mesmos? Vocês foram comprados por alto preço. Portanto, glorifiquem a Deus com o corpo de vocês.
(1Co 6:19,20 – NVI)

Um dos relacionamentos mais importantes e duradouros que devemos cultivar é com esses trajes terrestres que Deus nos confiou por um tempo limitado. Dependendo das condições em que os mantemos, nosso corpo pode ser reconfortante e acolhedor, uma fonte de prazer, um veículo para a aventura, ou uma camisa de força dolorosamente restritiva.

A Bíblia diz que nosso corpo é templo de Deus. Se nós, como cuidadoras do templo, devemos resistir às tempestades e aos implacáveis ataques inimigos, precisamos fortalecer nossas estruturas vivas interiores! O conhecimento e a prevenção das forças que atacam tais templos são nossas melhores defesas.

Senhor Deus e Pai, por favor, ajude-me a tratar melhor meu corpo, considerando que é Seu templo. Preciso de hábitos saudáveis e de um equilíbrio inteligente para não o estressar, mas, sim, cuidar bem dele. Amém.

Não desanime

Naquele dia, se dirá a Jerusalém: Não temas,
ó Sião, não se enfraqueçam as tuas mãos.
O SENHOR, teu Deus, está no meio de ti,
poderoso para te salvar; ele se deleitará
em ti com alegria; calar-se-á por seu amor,
regozijar-se-á em ti com júbilo.
(Sf 3:16,17 – AM)

Minha amiga Marianne está ficando cega. Uma fonte legítima de estresse e até mesmo de desespero, não concorda?

No entanto, a atitude de Marianne é tudo menos desesperada. Em voz calma e firme, ela explica: "Quando começo a me preocupar ou a ficar obcecada, recito as informações que sei serem verdadeiras":

- "Deus está no controle."
- "Ele me ama."
- "Ele quer o que é melhor para mim, mesmo que minhas ideias possam não ser as Dele."
- "Só apoiada em Sua vontade encontrarei paz. Os atos de lutar, chutar e gritar só levam a uma vida miserável e desperdiçada."

Senhor Deus e Pai, é difícil não se desesperar em uma situação horrível. Por favor, lembre-me de que tudo é verdade sobre Sua bondade e Seu amor, e ajude-me a confiar mais em Ti. Amém.

Feliz pela fraqueza

Três vezes roguei ao Senhor que o tirasse de mim. Mas ele me disse: "Minha graça é suficiente para você, pois o meu poder se aperfeiçoa na fraqueza". Portanto, eu me gloriarei ainda mais alegremente em minhas fraquezas, para que o poder de Cristo repouse em mim.

(2Co 12:8,9 – NVI)

Por causa dos problemas de visão, minha amiga Marianne perdeu o emprego e a capacidade de fazer muitas das coisas que amava. Ela tem todo o direito de estar com raiva. Ressentida. Amarga. Mas, por incrível que pareça, não está.

"Quando eu enxergava, era uma pessoa independente. Fazia o que queria, quando queria. Minhas orações consistiam principalmente de 'Senhor, por favor abençoe esses meus planos'. Mas Deus não falou: 'Siga-me quando as coisas estiverem ótimas e terá todas as suas capacidades'. Ele disse: 'Siga-me mesmo quando estiver em pior momento'. Nessas situações, aprendemos a depender mesmo Dele para todas as nossas necessidades."

Marianne sorri, os úmidos olhos castanhos brilhando: "Não estou amargurada; estou melhor. Deus permitiu que eu ficasse cega para evoluir. Claro, sinto-me frustrada às vezes e gostaria de poder enxergar, mas não trocaria a visão por essa preciosa paz que tenho".

Senhor Deus e Pai, não importam as provações que surjam no meu caminho, por favor, ajude-me a lembrar que toda fraqueza requer que eu dependa ainda mais de Ti. Amém.

Confiar na soberania de Deus

Sabemos que Deus age em todas as coisas
para o bem daqueles que o amam.
(Rm 8:28 – NVI)

Paz, no meio do caos da vida. Paz, essa plataforma de salto para uma alegria inexplicável. Paz, esse lugar de liberdade indescritível, livre de ansiedade, o qual desejamos.

Ultimamente tenho pensado muito na paz. Por que é tão difícil entendê-la? E, quando finalmente conseguimos, por que vai embora tão rapidamente?

Aprendi que a paz real e genuína depende de nossa confiança na soberania de Deus. E isso significa acreditar que Ele está no controle de todos os detalhes de nossa vida, mesmo que não pareça. Somente quando nossa confiança está ancorada Nele conseguimos encontrar a paz. Não há nada aleatório ou acidental sobre isso. Confiar é uma decisão nossa. Um ato voluntário e deliberado.

Senhor Deus e Pai, quando meus sentimentos estiverem roubando minha paz, por favor, lembre-me de Sua soberania. Escolho confiar no Senhor. Amém.

Paz em meio à inquietação

"Onde você colheu hoje?", a sogra lhe perguntou: "Onde trabalhou? Bendito seja aquele que se importou com você!" Então Rute contou à sogra com quem tinha trabalhado: "O nome do homem com quem trabalhei hoje é Boaz".

(Rt 2:19 – NVI)

A confiança é a pedra angular para a conquista da paz. Podemos relaxar em total segurança, sabendo que nosso Criador está zelando pelos nossos melhores interesses.

Mas, quando escorregamos de volta para o buraco escuro e viscoso de pensar que somos responsáveis por fazer as coisas acontecerem em nossa vida, a ansiedade e o medo assumem o comando.

O livro de Rute, no Antigo Testamento, é um maravilhoso exemplo da soberania de Deus na vida de uma garota como você e eu. Uma irmã imersa em mágoa, solidão e problemas financeiros. No entanto, ela encontrou a paz em meio à inquietação.

Tire dez minutos para ler Rute.2 (ou melhor ainda, o livro inteiro – é bem curto) e observe como todas as coisas aleatórias que "simplesmente aconteceram" não foram, em absoluto, aleatórias. Elas faziam parte do plano soberano de Deus para Rute.

Pai amado, por favor, faça com que a história de Rute me incentive a confiar mais em Ti. O Senhor é soberano, e Seus planos e Seu tempo são perfeitos. Obrigada! Amém.

O amanhecer sempre vem

Não andem ansiosos por coisa alguma, mas em tudo, pela oração e súplicas, e com ação de graças, apresentem seus pedidos a Deus. E a paz de Deus, que excede todo o entendimento, guardará os seus corações e as suas mentes em Cristo Jesus.

(Fp 4:6,7 – NVI)

Passamos por períodos de inquietação, mas precisamos lembrar que as tempestades não duram para sempre. O amanhecer sempre vem depois de uma noite longa e escura. "O choro pode persistir uma noite, mas de manhã irrompe a alegria." (Sl 30:5 NVI)

Acho de fato reconfortante saber que Deus é tão soberano hoje como era na época de Rute. Ele está no controle de cada detalhe de nossa vida. E a paz de Deus, que supera todo o entendimento humano, manterá nosso coração e nossa mente afastados do estresse da ansiedade.

Pai amado, o Senhor é soberano, nunca muda, e se importa com todos os detalhes de minha vida. Por favor, ajude-me a repetir essas verdades sempre que preciso para me manter em paz. Amém.

Quando o inimigo ataca

Pois a palavra de Deus é viva e eficaz,
e mais afiada que qualquer espada de dois gumes.
(Hb 4:12 – NVI)

O inimigo ataca quando estamos mais vulneráveis: momentos de fadiga, doença ou desilusão. Ele destrói nossos sentimentos por meio da mágoa, do ressentimento e do rancor. Ele amarga nossos relacionamentos e dilacera nossas entranhas para nos enfraquecer (pense no filme *Coração Valente*). Ele até tira proveito de nossos pensamentos secretos, explorando-os para criar fofoca, calúnia, desaprovação.

Não temos de baixar a cabeça ao seu ataque! Somos guerreiras poderosas! Podemos lutar com a única arma invencível que existe: a Palavra de Deus, mais afiada do que qualquer espada de dois gumes. Precisamos manter nossos arsenais cheios de munição, estudando nossas Bíblias e memorizando versículos para que nossas flechas flamejantes estejam acesas e prontas para serem atiradas no momento em que formos atacados pelo inimigo.

Senhor Deus e Pai, por favor, arme-me com a Sua Palavra. Ajude-me a estar pronta para qualquer batalha espiritual. Amém.

Plena e santificada por seu amor

Como também nos elegeu nele antes da fundação do mundo, para que fôssemos santos e irrepreensíveis diante dele em caridade.

(Ef 1:4 – AM)

O amor de Deus por nós não depende daquilo que fazemos ou deixamos de fazer, tagarelamos ou omitimos. O amor do nosso Pai em si é o que nos torna plenas e santificadas, e não qualquer coisa que concebamos, criemos ou ganhemos. E Ele nos tinha – você e eu – em mente para ser o objetivo de Seu amor, mesmo antes da criação do mundo.

Esse é um pensamento tranquilizador e reconfortante. Uma segurança indescritível. Saber que somos verdadeiramente amadas, independente de quantas vezes percamos o controle. Mesmo que tenhamos reações negativas, há uma saída. Somos estimadas. Amadas. Adoradas. Nosso Pai não quer nada mais do que aconchegar-se conosco, cantarolar Seu conforto e Sua paz em nosso conturbado coração. A qualquer hora. Em qualquer lugar. Ele nunca desiste, nunca perde a esperança em nós, e Seu amor perdura por meio de cada fato.

Senhor Deus e Pai, estou maravilhada por me amar tanto, e incondicionalmente. Seu amor me conduz e sou muito grata. Amém.

Relacionamento, não religião

Portanto, que todos os que são fiéis orem a ti enquanto podes ser encontrado; quando as muitas águas se levantarem, elas não os atingirão. Tu és o meu abrigo; tu me preservarás das angústias e me cercarás de canções de livramento.
(Sl 32:6,7 – NVI)

Não quero encarar a oração como um trabalho. Não estou me apresentando para um trabalho ou dando instruções a Deus sobre o que é melhor para mim. Nem quero que minha vida de oração seja apenas uma sucessão de pedidos desesperados para PrecisodeDeus AGORA.com.

Acima de tudo, não quero ficar arrebatada pela religião e desperdiçar o relacionamento. Não quero ficar tão ocupada aprendendo sobre Ele e fazendo um zilhão de coisas dizendo estar servindo-Lhe a ponto de me esquecer de conhecê-Lo. Isso acontece quando o cristianismo se torna "simpatianismo", apenas se importando com os comportamentos – certos e errados – em vez de com uma comunicação dinâmica e diária com o Salvador vivo e amoroso.

Não, venho com coração humilde, mente aberta e espírito sedento. Gosto de passar meu tempo com Ele.

Pai amado, quero aproveitar meu tempo com o Senhor! Por favor, ajude-me a tornar nosso relacionamento minha maior e predileta prioridade. Amém.

Uma fonte de água que cura

Ó Deus, tu és o meu Deus, eu te busco intensamente; a minha alma tem sede de ti! Todo o meu ser anseia por ti, numa terra seca, exausta e sem água.

(Sl 63:1 – NVI)

Às vezes, quando nos sentimos ao menos fazendo alguma coisa, é exatamente do que mais precisamos. Em depressão, lendo todos os dias por pura obediência, avancei até os versículos do salmo "ajude-me-a-confiar-novamente", assim como ao "O SENHOR é meu pastor, nada me falta... a tua vara e o teu cajado me protegem" (23:1,4 – KJA); "o pranto pode durar uma noite, mas a alegria nasce ao romper do dia" (30:5); "Busquei o SENHOR e ele me respondeu, e dos meus temores todos me livrou (34:4); e "Cessai as batalhas! Sabei que Eu Sou Deus!" (46:10). Outros salmos que oferecem esperança e conforto são os 56, 63, 119, 121 e 139.

Nessas mensagens, encontrei um mapa, mas não percebi que estava na verdade cavando caminho para fora da minha caverna perdida e escura até que vi luz reluzindo sobre a borda. A Palavra de Deus penetrou em meu espírito sedento como uma fonte de água que cura.

Senhor Deus e Pai, Sua Palavra é luz e guia para meu caminho na vida, e também uma fonte de água de cura quando estou sedenta e ferida por este mundo. Obrigada! Amém.

Louve independentemente de onde esteja

No entanto, está chegando a hora, e de fato já chegou, em que os verdadeiros adoradores adorarão o Pai em espírito e em verdade. São estes os adoradores que o Pai procura.

(Jo 4:23 – NVI)

A adoração não precisa ocorrer apenas em uma construção com vitrais ou em uma magnífica catedral ou ainda em uma hora e local determinados. A verdadeira igreja não é uma construção; são as pessoas, os adoradores em seu interior. Somos nós, você e eu. "Porque a circuncisão somos nós, que servimos a Deus no Espírito, e nos gloriamos em Jesus Cristo, e não confiamos na carne." (Fp 3:3 – AM).

Sim, nós, adoradoras espontâneas, aquelas que explodem em louvor desenfreado jorrando de um espírito feliz, somos exatamente o tipo de adoradoras que o Pai está buscando.

Senhor Deus e Pai, o Senhor é tremendamente digno da minha adoração, e somente o Senhor! Quero louvá-Lo independentemente de onde eu esteja e em tudo que eu fizer! Amém.

Um estilo de vida de confiança

Confie no Senhor de todo o seu coração e não se apoie em seu próprio entendimento; reconheça o Senhor em todos os seus caminhos, e ele endireitará as suas veredas.

(Pv 3:5,6 – NVI)

Confiar em nosso Pai celestial deve se tornar literalmente parte de nós. Um estilo de vida. Um sistema de crença envolvido pelo tecido do nosso ser, tanto quanto pela cor dos nossos olhos.

Um bom exemplo é Pedro no Jardim Getsêmani, que entrou em pânico quando Judas trouxe soldados para prenderem Jesus. Como Pedro ainda não aprendera a confiar no Senhor de todo o coração e a não se apoiar em sua própria compreensão (veja Pv 3:5), reagiu com a típica e impulsiva maneira Deb "Cotyana": sacou a espada para decepar a orelha, disse três mentiras descaradas e se esgueirou para longe do perigo como um coelho assustado (veja Lc 22:47-62). Pedro queria desesperadamente confiar em seu Jesus, mas foi dominado pela fraqueza e pela dúvida. Também me identifico com sua personalidade impetuosa do tipo pular antes de olhar, caminhar sobre a água até perceber o que está fazendo (veja Mt 14:28-31).

Senhor Deus e Pai, quando a fraqueza e a dúvida me fizerem perder a fé em Ti, por favor, fortaleça-me de novo com Seu Espírito e Sua Palavra. Quero viver e respirar minha confiança em Ti. Amém.

Quando a confiança triunfa

Mas eu confio em ti, Senhor, e digo: "Tu és o meu Deus". O meu futuro está nas tuas mãos; livra-me dos meus inimigos e daqueles que me perseguem.

(Sl 31:14,15 – NVI)

Às vezes, felizmente, confiamos nos triunfos e tomamos boas decisões. Pedro, que mais tarde amadureceu tanto na fé que a confiança se tornou sua segunda natureza, seguiu para onde Deus o guiou. Quando encarcerado, acordou de um sono profundo e, sem hesitar um único segundo, seguiu um anjo (não um visitante normal na cadeia!), passou por guardas armados e depois pelos portões trancados (At 12:6-10).

Conforta-me o fato de que o Pedro "anterior" conseguiu se transformar vitoriosamente no Pedro "posterior". Se Pedro aprendeu a confiar, eu também consigo. Só porque submergi uma vez em um mergulho de confiança, isso não significa que não consiga chegar à superfície na segunda vez. Ou na terceira. Ou na octogésima quinta.

Senhor Deus e Pai, perdoe-me quando não confio em Ti, e muito obrigada por nunca parar de me oferecer oportunidades de confiar novamente. Amém.

Como uma segunda pele

Os que conhecem o teu nome confiam em ti,
pois tu, Senhor, jamais abandonas os que te buscam.
(Sl 9:10 – NVI)

Confiança: uma forma profunda de fé. Na sua versão mais pura, não deveríamos ter de nos lembrar de usá-la em uma situação de crise – ela deve ser natural se confiamos de fato no Senhor com todo o nosso coração e vivemos aquilo em que acreditamos. A confiança precisa estar em nós como uma segunda pele. Sempre a temos sem que pensemos sobre isso. Ela cresce conosco, e podemos confiar por completo na proteção que nos dá.

Felizmente, Deus sabe que confiar envolve um processo de aprendizagem. Ele pacientemente espera que nosso nível de confiança alcance e ultrapasse nosso não tão bom senso enquanto mergulhamos de cabeça nela.

Senhor Deus e Pai, obrigada por compreender plenamente nosso processo de aprendizagem da confiança. Sou muito grata por Sua incrível paciência e Seu amor por mim. Amém.

Um começo glorioso

Onde está, ó morte, a sua vitória?
Onde está, ó morte, o seu aguilhão?
(1Co 15:55 – NVI)

A vida eterna é a sobremesa no bufê da fé. Andar de mãos dadas com nosso Pai celestial durante nossos limitados dias na terra já é maravilhoso, mas a promessa de estar para sempre em Sua presença no Céu vai quase além da compreensão.

Prazer e alegria maiores do que jamais conhecemos. Paz incomparável. Sem mágoas, lágrimas ou dor. Quem não aguardaria ansiosamente um começo tão glorioso quando nosso tempo na terra chegar ao fim?

Querida irmã, se você ainda não deu o passo de aceitar Jesus Cristo como seu Senhor e Salvador, por favor, considere fazê-lo agora. É a decisão mais importante que tomará.

Senhor Deus e Pai, não consigo nem pensar em tudo que deve estar guardado no lar perfeito do Céu enquanto o Senhor nos espera. Obrigada por me salvar e por me entregar um começo tão glorioso para aguardar depois de minha morte – vida eterna com o Senhor. Amém.

ABC

Porque todos pecaram e destituídos estão da glória de Deus, sendo justificados gratuitamente pela sua graça, pela redenção que há em Cristo Jesus.
(Rm 3:23,24 – AM)

Reserve seu lugar no Céu e comece sua incrível jornada de fé neste exato momento. É tão simples quanto o ABC.

A: Admitir que precisamos estar purificados de nossos pecados.
B: Acreditar que Jesus morreu por nossos pecados e ressuscitou ao terceiro dia..
C: Confiar nossa vida a Ele não tem nada a ver com religião, mas com relacionamento. "Se, com tua boca, confessares que Jesus é o Senhor, e creres em teu coração que Deus o ressuscitou dentre os mortos, serás salvo!" (Rm 10:9 KJA).

Quando voltamos o controle de nossas vidas para nosso Senhor, alcançamos a vida eterna. Não apenas a promessa do Céu quando morrermos, mas a gloriosa oportunidade de viver hoje nossa vida com nosso Pai.

Senhor Deus e Pai, por favor entre em minha vida, confio em Ti. Ajude-me a crescer, por meio de Seu Espírito e de Sua Palavra, no meu relacionamento com o Senhor. Amém.

Confie no pai

Pois vocês não receberam um espírito que os escravize para novamente temer, mas receberam o Espírito que os adota como filhos, por meio do qual clamamos: "Aba, Pai".

(Rm 8:15 – NVI)

Quando eu era uma garotinha, minha família se amontoava em nosso carro para a longa viagem de Ação de Graças até a casa de minha avó no norte da Geórgia. Minha irmã e eu nos sentávamos no banco traseiro, rindo, cantando e aproveitando a viagem, com total confiança de que papai nos levaria em segurança até nosso destino.

Não nos preocupávamos. Não nos afligíamos. Nunca temíamos os "e se": e se um pneu estourar? E se alguém colidir conosco? E se um ciclone descer e transformar nosso carro em um gigantesco frisbee?

Tínhamos paz porque confiávamos em nosso pai e sabíamos que estávamos seguras nas mãos dele.

Da mesma forma, Deus é nosso Pai celestial e podemos confiar que Ele nos conduzirá a salvo para onde necessitarmos ir. Não precisamos nos preocupar, nos afligir ou ter medo dos "e se".

Senhor Deus, o Senhor é exatamente isto, meu Papai celestial. Muito mais que um amoroso e gentil pai terreno, o Senhor está sempre cuidando de mim, protegendo-me e fazendo o que é melhor. Nunca preciso me preocupar. Amém.

Os “e se”

Portanto, não se preocupem, dizendo: “Que vamos comer?” ou “que vamos beber?” ou “que vamos vestir?” Pois os pagãos é que correm atrás dessas coisas; mas o Pai celestial sabe que vocês precisam delas.

(Mt 6:31,32 – NVI)

Como adultas, muitas vezes encontramos os “e se” roubando nossa paz e aumentando nosso turbilhão emocional: E se eu perder meu trabalho? E se alguém descobrir meu segredo? E se o grupo de mulheres de que quero fazer parte não me aceitar? E se eu não for bom o bastante? E se meus filhos crescerem e se tornarem assassinos em série porque fui uma mãe horrível?

Devemos nos lembrar que os “e se” não são realidade. Eles ocorrem por ação de Satanás enfiando seus dedos sujos e podres em nosso coração e em nossa mente para roubar a paz que o Pai nos promete, se dependermos Dele como nosso Aba (forma hebraica de “pai”). Lembre-se, não podemos controlar nossa realidade, mas podemos controlar nossas reações a ela.

Senhor Deus e Pai, nada ganho de positivo preocupando-me com o amanhã, e a Sua Palavra me ordena que não faça isso. Mas é tão difícil! Por favor, ajude que minha concentração esteja em Sua paz e provisão perfeitas em todas as coisas. Amém.

Exatamente como Jó

Havia um homem na terra de Uts, Uz, e seu nome era Ióv, Jó. Ele era um ser humano bom, honesto e justo; amava respeitosamente a Deus e evitava praticar o que era mal.

(Jó 1:1 – KJA)

Jó perdeu seus dez filhos e todos os seus bens terrenos e foi recoberto por furúnculos purulentos e gotejantes da cabeça aos pés. Restou-lhe apenas a amarga esposa. A esposa de Jó deixou de lado tudo o que Deus fez e focou-se apenas no que Ele não fez. Apesar de ela ter pedido ao marido: "amaldiçoa logo a Deus e morre!" (Jó 2:9), Jó não o fez.

Sua resposta? "Eu sei que meu Redentor vive" (Jó 19:25 – KJA).

Senhor Deus e Pai, o relato de Jó me encanta e apequena. Eu conseguiria reagir como ele diante de tal horror e provação? Por favor, ajude-me a ter muita fé em Ti; independentemente do que sofra nesta vida, que nunca deixe de louvá-Lo, certa de que Jesus é meu Redentor, que vive e cuida de mim. Amém.

Exatamente como José

Eu sou José, seu irmão, aquele que vocês venderam ao Egito! Agora, não se aflijam nem se recriminem por terem me vendido para cá, pois foi para salvar vidas que Deus me enviou adiante de vocês.

(Gn 45:4,5 – NVI)

Quando criança, José foi traído por seus ciumentos irmãos e vendido como escravo em uma terra estrangeira. Escolheu seguir a Deus mesmo que tudo parecesse estar dando errado. Assim, trabalhou durante anos para ganhar a confiança do seu mestre e tornar-se escravo chefe da família. Então, a luxuriosa esposa de seu patrão falsamente o acusou de tentativa de estupro. Ele acabou na prisão por dois longos anos, lugar onde galgou a posição de líder dos prisioneiros, apenas para ser esquecido e deixado a definhar pelo empregado do palácio que ele havia ajudado a sair da prisão.

Mas José se apegou à fé de que Deus tinha um plano para sua vida. E que uma surpresa maravilhosa estava reservada para ele! (Leia Gn 45).

Senhor Deus e Pai, José tinha todos os motivos para se indignar e deixar a amargura consumi-lo, mas preferiu continuar seguindo e confiando no Senhor. Ajude-me a ser como José, pacientemente esperando por Seus planos perfeitos. Amém.

Exatamente como Ana

Enquanto ela continuava a orar diante do Senhor, Eli observava sua boca.

(1Sm 1:12 – NVI)

Ana não só teve de dividir o marido com outra mulher, mas também era estéril, uma desgraça pública naquele tempo. Por muitos anos, ela sofreu a zombaria de ser "a mulher estéril", o que lhe provocava lágrimas constantes e, sem dúvida, depressão. Mas continuou orando até que Deus misericordiosamente a abençoou com o desejo do coração dela: um filho. O filho de Ana cresceu para se tornar o grande profeta Samuel (veja 1Sm 1).

Pai amado, enquanto espero, por favor, ajude-me a ser como Ana e não perder a fé nas orações que Lhe dirijo. Mesmo quando Sua resposta não é imediata, isso nunca significa que não está escutando. Sei que me ouve, e confio em Ti para prover e abençoar exatamente quando for melhor. Amém.

Em corpo e espírito

Conservem-se livres do amor ao dinheiro e contentem-se com o que vocês têm, porque Deus mesmo disse: "Nunca o deixarei, nunca o abandonarei".
(Hb 13:5 – NVI)

Jesus não é apenas nosso Messias, Príncipe da Paz e Salvador; Ele é nosso modelo exemplar enquanto um ser humano que enfrenta a adversidade do bater do coração real, nosso "Deus em um corpo".

Logo depois de Jesus assegurar a Seus seguidores que, embora Sua morte fosse iminente, não os abandonaria, mas estaria sempre com eles por meio do conforto e da orientação do Espírito Santo, Ele deu o melhor de todos os presentes de despedida: "Deixo-lhes a paz; a minha paz lhes dou. Não a dou como o mundo a dá. Não se perturbem os seus corações, nem tenham medo." (Jo 14:27 NVI).

Senhor Jesus, obrigada por vir para ser nosso exemplar modelo humano. Gostaria de ter caminhado em pessoa com o Senhor, e às vezes desejo desesperadamente que estivesse aqui agora com o Seu corpo físico para me guiar e confortar. Mas Seu espírito está aqui, e sou muito grata por esse presente e por Sua constante presença em minha vida. Amém.

Peace*

Levanto os meus olhos para os montes e pergunto: De onde me vem o socorro? O meu socorro vem do Senhor, que fez os céus e a terra.

(Sl 121:1,2 – NVI)

Posso compartilhar meu acrônimo de PEACE com você? É fácil de ser lembrado e também muito útil quando suas mãos estão febrilmente segurando os últimos fios de cabelo que lhe restam e preparando-se para arrancá-los.

P: Ponha
E: e por completo
A: as agravações em
C: Cristo...
E: Esperançosamente!

Se não procurarmos a ajuda de Deus, se mantivermos nossos olhos voltados para nossa realidade, com certeza cairemos no desespero e na desesperança. Perderemos nossa razão de ser e já não veremos mais esperança no horizonte. "Um povo que não aceita a revelação do Senhor é uma nação sem ordem. Quem obedece à Palavra de Deus é feliz!" (Pv 29:18 – KJA).

Senhor Deus e Pai, por favor, ajude-me a manter meus olhos erguidos em Sua direção, sem me concentrar em meus problemas, mas em Seu poder para vir em meu socorro. Amém.

* Em português, paz. (N.T.)

Ele a encontrará

Entregue suas preocupações ao Senhor, e ele o susterá; jamais permitirá que o justo venha a cair.
(Sl 55:22 – NVI)

Como na parábola em que Jesus falou sobre a ovelha perdida (nós!) no décimo quinto capítulo de Lucas (leia os versículos 1-6 para refrescar sua memória), nunca podemos nos afastar de nosso Pastor além do ponto de não haver mais retorno. Ele nos ama demais para nos abandonar. Acho isso maravilhosamente reconfortante, não acha?

Então, quando você se perde no caminho e começa a vagar, espiritual, emocional, mental ou fisicamente (ei, consigo me perder em uma sacola), tenha certeza de que Papai vai encontrá-la. Sabe por quê? Porque você, irmã, é muito amada para estar perdida.

Senhor Deus e Pai, quero segurar Sua mão em cada caminhada da vida. Obrigada por nunca me abandonar. Amém.

Suavizando corações de pedra

E vos darei um novo coração e derramarei um espírito novo dentro de cada um de vós; arrancarei de vós o coração de pedra e vos abençoarei com um coração de carne.

(Ez 36:26 – KJA)

Minha amiga Sheila trabalha em turnos de doze horas e cuida da mãe, que sofre de demência, e de seu velho padrasto de 92 anos de idade. Alguns dias, o estresse e a fadiga parecem insuportáveis, e Sheila se ressente por ter de perder dias de folga para fazer compras, cozinhar, limpar a casa e lavar roupa.

Em um dia desses, quando Sheila entrou em casa e começou a desembalar as compras, a mãe dela vagou até a cozinha e começou a chorar. Por entre lágrimas de emoção e reconhecimento, a mãe agradeceu ao Senhor em voz alta a filha, os mantimentos que trouxe e tudo o que fazia por eles.

Como Sheila recorda: "O egoísmo de minha atitude evaporou". Ela percebeu que Deus havia visto que carregava um coração duro como pedra antes que chegasse em casa e sabia que Sheila precisava de um transplante de tal órgão.

Senhor Deus e Pai, quando estou exausta e esgotada, por favor, refresque meu espírito e suavize meu coração como só o Senhor pode fazer. Amém.

Gratidão merecida

Acaso busco eu agora a aprovação dos homens ou a de Deus? Ou estou tentando agradar a homens? Se eu ainda estivesse procurando agradar a homens, não seria servo de Cristo.

(Gl 1:10 – NVI)

Talvez você nunca receba dos outros agradecimentos por tudo que faz, mas, quando se chatear por isso, lembre-se de que nosso Pai vê até os mínimos detalhes e está bem ciente dos sacrifícios e dos esforços feitos por você para servir aos outros em sua família, no trabalho, na igreja, na comunidade... os habitantes de seu mundinho. Papai vê tudo – cada centavo que você gasta, todo o tempo e toda a energia que dispende, cada hora de sono perdida, todas as coisas de que desiste para o benefício de outra pessoa –, e aprecia de fato que você aja como as mãos e os pés Dele na terra.

Um dia Ele a recompensará com a imensa gratidão que merece, mas, prepare-se, pois é possível que isso aconteça só quando você chegar ao Céu. Nesse ínterim, não dependa de pessoas falíveis, mas do Pai como fonte de validação e satisfação para um trabalho bem-feito e uma vida bem vivida.

Senhor Deus e Pai, ajude-me a lembrar que, se estou trabalhando só para agradar às pessoas, nunca me sentirei plenamente reconhecida.
Mas tudo que faço pelo Senhor é visto e recompensado, se não aqui neste mundo, no Céu por toda a eternidade. Amém.

Está tudo bem

Bendiga ao Senhor a minha alma! Bendiga ao Senhor todo o meu ser! Bendiga ao Senhor a minha alma! Não esqueça de nenhuma de suas bênçãos!

(Sl 103:1,2 – NVI)

De alguma forma, depois de perder quase tudo o que lhe era importante, por meio da força sobrenatural de Deus, Horatio Spafford* foi capaz de escrever estas incríveis palavras:

Se paz a mais doce me deres gozar,
Se dor a mais forte sofrer,
Oh! Seja o que for, tu me fazes saber
Que feliz com Jesus sempre sou!

Uau. É uma pancada na cabeça. Será que o conceito de que podemos alcançar bem-estar, independente da nossa realidade, atingiu você com tanta força quanto a mim? No entanto, é isso que o Todo-Poderoso Deus pode fazer por nós. Plenitude quando estamos destroçadas. Equilíbrio quando estamos fragmentadas. Recuperação quando estamos derrotadas.

Senhor Deus e Pai, seja qual for meu destino, minha alma está feliz. Também quero ser capaz de dizer isso com sinceridade. Amém.

---

* Horatio Gates Spafford (1828-1888) foi um advogado americano, ficando conhecido pela autoria do hino cristão *It Is Well with My Soul*, após uma tragédia em que quatro de suas filhas morreram em um acidente de navio. (N.T.)

A sede da alma

Jesus respondeu: "Quem beber desta água terá sede outra vez, mas quem beber da água que eu lhe der nunca mais terá sede. Pelo contrário, a água que eu lhe der se tornará nele uma fonte de água a jorrar para a vida eterna".

(Jo 4:13,14 – NVI)

Minha amiga Tricia tinha todo tipo de amigos em altos cargos. Era rica, bonita e famosa. As pessoas a adoravam. Mas isso não lhe bastava.

Espiritualmente, ela conheceu uma miscelânea de religiões, tais como catolicismo, protestantismo, mormonismo, budismo, hinduísmo, projeção astral e várias correntes da Nova Era.*

No entanto, apesar de todo esforço, Tricia chegou aos quarenta anos ainda com incertezas, insatisfeita e infeliz. Divorciada e desiludida, não encontrava nada que saciasse a profunda e torturante sede por amor que havia dentro dela. Amor verdadeiro. Amor eterno.

Então, encontrou Jesus.

Ela foi invadida por um amor puro e verdadeiro. E, uma vez que se devotou ao Amante de sua alma, o

---

* O movimento New Age (em português, Nova Era) tem como característica uma fusão de ensinos metafísicos, vivências espiritualistas, animistas e paracientíficas, com uma proposta de um novo modelo de consciência moral, psicológica e social. Propõe uma simbiose com o meio envolvente, com a Natureza, o Cosmo e todas as suas multidimensões. Tem muitas vezes como base um caráter liberal e de oposição à ortodoxia e ao conservadorismo das religiões organizadas. (N.T.)

incrível amor Dele permeou todas as áreas da vida de Tricia, seu sedento coração e sua alma.

Pai amado, não me deixe esquecer que só o Senhor satisfaz cada desejo da minha alma. Amém.

Seu legado

Não o ocultaremos aos filhos; transmitiremos à geração vindoura as gloriosas realizações do Senhor, seu poder e as maravilhas dos seus feitos.

(Sl 78:4 – KJA)

Qual será seu legado? Será que vão se lembrar de uma mulher meiga e bondosa, apesar da aparência às vezes abatida? Ou será que se lembrarão mais daquela fera interior desagradável e descontrolada?

Será lembrada como esposa, mãe ou amiga preocupada, sempre correndo para algum lugar a fim de cumprir infindáveis tarefas? Uma mulher cujas prioridades eram tão distorcidas que não conseguia colocar as pessoas antes das coisas? Uma alma frenética que perdeu a vida por preferir lutar contra ela?

Ou será lembrada como aquela cuja vida foi de oração, amor incondicional e fé que afloravam apesar do estresse? Serão lembranças de uma vida bem vivida, de momentos saboreados, de risos compartilhados? Espero e oro para que seja esse meu legado.

Senhor Deus e Pai, não sou perfeita e nunca serei, mas com Sua ajuda posso deixar um legado de indicar outros ao Senhor com uma vida plena de Seu amor, alegria, paz, paciência, bondade, benevolência, fidelidade, gentileza e autocontrole. Amém.

FONTE: Banda Regular

Ágape nas redes sociais

Ágape

www.agape.com.b